GLI INDIMENTICABILI

"Se uno muore vuol dire che è nato, che è uscito dal niente, e niente è peggiore del niente: il brutto è dover dire di non esserci stato."
Oriana Fallaci

Sommario

Noi mamme orche e il diritto di soffrire per i nostri bambini mai nati	13
Parole madri: dare parole al lutto, per tornare alla vita.	19
Il Fato	21
Mirtillo	24
Ciao Tommaso	26
Non Mollare	27
Ciao Ernesto	30
Ciao Matilda	32
Ciao Fagiolino	34
ciao andrea	40
Ciao Vittoria	42
L'arcobaleno	46
Ciao Esther	48
Frida e Orlando	50
Ciao Noe	54
Eri Tu	56
Patasgnaffo	58
Leonardo e Michele	60
Basta! Basta! Basta!	62
Non volevo lasciarti andare	64
Ciao Leonardo	69
Io, poliabortiva	71
Ciao Claudio	74
L'emozione di essere mamma	76
Ciao Leo	80

Ciao Michele	82
La vigilia di Natale	85
Una Donna con la D maiuscola	90
Ciao Christopher	91
Non mi arrendo	93
Alle nostre piccole Stelline	98
Finalmente insieme	101
Senz'alba (mai nato)	114
Sostegno e comprensione	115
Ciao Lucrezia	117
Ciao Giuseppe	119
Sola, senza nessuno	122
Ce l'abbiamo fatta	125
Ciao Elia	128
Ciao Alice	130
Due Angeli	132
Una tragica scelta	135
Puntinello E Alice	138
La storia di A. e C.	140
Ciao Viola	143
La storia di Aurora	145
Ciao Tommaso	149
Trisomia 13	161
Alessia e Chiara	166
Chi ci aiuta?	175
Grazie a CiaoLapo	180
Ciao Vittoria	183

Ciao Leonardo	*195*
La nostra Farfallina	*198*
Ciao Jacopo	*199*
Ciao Nicolò Pio	*203*
Il mio cucciolo	*205*
Una botta troppo forte	*211*
Ciao Enea	*218*
Ciao Dario	*221*
Ciao Siria Maria	*224*
Mamme Speciali	*227*
Un soffio di amore eterno	*230*
Ciao Leo	*237*
La combo perfetta: lutto peritale nella pandemia globale	*242*
Ciao Eros	*251*
Ciao Enea	*258*

INTRODUZIONE

Noi mamme orche e il diritto di soffrire per i nostri bambini mai nati
Di Francesca Barra

L'orca Tahlequah aveva perso il suo cucciolo dopo il parto e l'ha tenuto con sé cullandolo per diciassette giorni.
Ha provato, oltre ogni ragionevole sforzo, a ridargli vita, sostenendolo col muso sopra la superficie dell'acqua per cercare di fargli arrivare l'ossigeno. Forse non voleva arrendersi, forse non voleva accettare che fosse morto.
Poi, ad un certo punto, l'ha lasciato andare.
C'è un momento in cui lasciamo andare. Ma così come è accaduto all'orca, lo decidiamo noi quando, come e perché.
Quello che resterà all'orca dopo quei diciassette giorni, noi non lo sapremo mai. Chissà quale dolore è rimasto sommerso in fondo a quel mare e a tanti mari, che sono le nostre esperienze.
Anche io ho cercato di rianimare il mio bambino, a cui avevo visto le braccia e le gambe muoversi sembrandomi buffo e divertente, circondata dalle mie figlie minori che pensavano di gioire con noi, a quella vista. Ma lui stava arrancando, morendo. Le ho fatte uscire dalla sala e tutto il resto è congelato nel ricordo di uno strappo nel mio cuore di carta velina.
Arrivava dalla somma di tanti sogni, nostro figlio. Era arrivato con il primo bacio, nel primo ti amo, nei mensili test di gravidanza. Nostro figlio c'era e oggi ci sarà, sotto forma di amore per suo padre, perché niente di quel periodo debba essere perduto, ma trasformato in energia.
Per questo ho deciso di dare vita ad un libro che sublimasse la morte, che ci facesse compagnia in un lungo e quasi mai definitivo percorso di accettazione di un lutto classificato fra i dolori "facilmente superabili". La

solidarietà e l'ascolto non sono certo una panacea, ma un unguento delicato di cui abbiamo sempre bisogno.

Rivendico il diritto di essere una mamma orca e di rifiutare la banale teoria della compensazione imposta dalla nostra società: un altro figlio, il tuo compagno, il lavoro, l'età, lo status sociale. Sono reali loro, dunque leciti, ma è immaginabile che avvenga una compensazione quando muore qualcuno che amavi.

Non esiste un termometro del dolore. Molte madri dicono che non si può paragonare la perdita di un figlio nato e cresciuto con quella di "un feto" o di un figlio nato per poco.

Quante volte questo dogma ci ha fatto provare vergogna nell'esternare il nostro dolore e ci ha fatto adottare timide giustificazioni, come se dovessimo scusarci per aver osato soffrire.

Un giorno una signora ha commentato una mia intervista per il Corriere scrivendo che lei aveva perso un figlio a trent' anni, che quindi quello era un lutto e io non dovevo farne un dramma. Probabilmente nemmeno raccontarlo.

Le ho risposto che eravamo d'accordo su un punto, oltre al fatto che io le ero profondamente vicina, per il suo dolore: che il suo è un lutto imparagonabile, ma non perché il mio sia banale, ma perché le cicatrici non avranno mai lo stesso aspetto. E non dobbiamo pretendere che sia tutto ridotto sempre ad una classifica. Migliore, peggiore, debole, forte, superabile.

Quando ho deciso di raccontare la perdita di nostro figlio l'ho fatto anche perché era visibile a tutti la mia pancia. Volevo soprattutto che il dolore uscisse dal silenzio della nostra camera da letto, che la verità arrivasse da me anche per aiutare altri genitori a sentirsi meno soli contro l'ennesimo tabù.

Volevo raccontare il peso di una pancia vuota che non si riempie facilmente e forse anche confessare il motivo per cui il mio sguardo avesse delle ombre.

Volevo che il nostro bambino prendesse forma, avesse un'identità nella la dignità del racconto e della memoria.

Dovremmo tutti concederci la possibilità di soffrire, di elaborare, di portare questo peso sul cuore e poi decidere quando è il momento di posare un velo su quel meraviglioso sogno che è stato l'incanto dell'io e te.

Sarebbe stato peggio il nulla, invece siamo stati io e te.

Mamma e papà

INTRODUZIONE

Parole madri: dare parole al lutto, per tornare alla vita.
Claudia Ravaldi, medica, Associazione CiaoLapo
www.ciaolapo.it info@ciaolapo.it

"Il conflitto tra il bisogno di negare le esperienze traumatiche vissute e il desiderio di gridarle al mondo rappresenta la dialettica profonda del trauma psicologico"
Judith Hermann

Ci sono storie che iniziano con una fine.
La mia storia, come quella di una donna in gravidanza ogni sei, inizia da una fine.
Ci sono storie che iniziano così, con una frase scandita nel silenzio di reparto di ostetricia.
"Mi dispiace, non c'è battito".
Quella frase taglia in due la vita come l'avevamo immaginata: c'è un prima e ci sarà un dopo, che all'inizio ci appare spaventoso, poiché nebuloso e indistinto.
In queste nostre storie i bambini attesi sono troppo malati o sono già volati via.
In queste storie ci fermiamo tutte sulla soglia dell'impotenza.
Il nostro bambino tanto atteso è morto. Non si può fare niente.
I primi momenti, da quella soglia in poi, sono silenzio, incredulità e tanta, troppa, insopportabile solitudine.
I numeri ci dicono che queste cose accadono, tante, troppe volte.
Stanno lì, i numeri, scritti, nelle tabelle ordinate degli istituti di statistica.
I numeri vorrebbero dire cose che nessuno vuole ascoltare.
La nascita è un lieto evento. Sembra che non ci sia spazio per pensare a tutte le volte nelle quali la nascita è un lutto.

Il lutto perinatale è incredibile: come si può credere che certe cose possano ancora accadere, nonostante tutti i progressi, le cure, le possibilità.
È tutto talmente incredibile che nessuno ne parla. Il silenzio ci inghiotte presto, a noi donne sulla soglia. Nessuno parla con noi, di cosa ci è successo. Del bambino perso, di noi che ci siamo ancora, ma non siamo quelle di prima, di come stiamo.
Nelle storie che iniziano con una fine c'è una donna su sei, un bambino perduto, una soglia che sembra impossibile da oltrepassare, l'incredulità per dei numeri che non riusciamo a rappresentarci senza tremare, da quanto sono grandi e c'è il silenzio.
Sembra veramente difficile trovare cosa dire a noi donne, ferme sulla soglia: chi prova a dire qualcosa, dice parole che spesso risuonano nella nostra testa come prive di senso: "siete giovani, presto ne farete un altro", "ne hai già due, ritieniti fortunata", "alla vostra età, queste cose accadono", "succede a tutte all'inizio, ritentate presto".
In queste storie le parole arrivano come frecce, o non arrivano: o frecce, o silenzio.
O dolore, o indifferenza.
Da che mondo è mondo l'essere umano si è evoluto conservando nel profondo alcune strategie pensate per sopravvivere alle catastrofi. Dentro di noi, a volte così nascosti che sembra impossibile trovarli, ci sono gli strumenti per sopravvivere e andare avanti. Per tornare a vivere, pienamente, anche dopo aver sentito quella frase. Anche dopo aver detto "ciao e addio" al nostro bambino atteso e amato
Gli strumenti che l'essere umano utilizza, per sopravvivere alle catastrofi, sono la memoria, la parola, la condivisione con altri esseri umani, la ricerca di sicurezza e accudimento.
Questi strumenti servono, soprattutto nei primi mesi dopo la catastrofe, per evitare il peggio.

Il peggio è diventare tutt'uno con quella soglia, radicare e restare fermi lì, non sei, dodici, ventiquattro mesi, come ci insegnano gli studi sul lutto perinatale, ma per sempre.

Ecco allora che, dopo avere abitato anche io quella soglia, dopo aver corso anche io il rischio di radicare lì, nel dolore eterno, ho cercato dentro e fuori di me gli strumenti di noi esseri umani.

Memoria, parola, condivisione, sicurezza e accudimento: mi sono serviti così tanto che io e mio marito abbiamo pensato di metterli a disposizione delle altre donne e coppie, alle prese con la stessa storia.

CiaoLapo è nato così, nel 2006.

Offriamo sostegno psicologico alle persone colpite da lutto in gravidanza e dopo la nascita e anche agli operatori sanitari, mettendo a disposizione gratuita per tutti un primo soccorso telematico, molti approfondimenti, opuscoli, libri, materiale di autoaiuto e materiale didattico. Abbiamo raggiunto circa 12.000 genitori in lutto e strutturato numerose reti di sostegno con ospedali e consultori. Abbiamo inoltre donato 250 ore di formazione gratuita a cento ospedali, lavorando sui principali aspetti di cura e di care relativi all'assistenza al lutto perinatale.

Grazie ai nostri 40 volontari formati siamo attivi in 15 regioni e abbiamo aperto 20 gruppi di automutuoaiuto, dal vivo e online.

Il progetto Parole Madri: il sostegno tra pari nel lutto perinatale

Un gruppo di automutuoaiuto, dal vivo od online, accoglie da dieci a quindici persone.
È strutturato come un percorso annuale, a cadenza mensile o quindicinale, che copre al massimo due anni. Questo tipo di percorso coniuga gli aspetti dell'automutuoaiuto classico e quelli della facilitazione delle proprie risorse

personali e collettive, attraverso la presenza di operatori formati.
Il nostro modello richiede un anno di formazione del personale (30 ore di formazione e un anno di partecipazione ad un gruppo come uditore) ed è pertanto molto dispendioso: il nostro obiettivo per il triennio 2021-2024 è quello di formare almeno 60 nuovi facilitatori che possano aprire 30 nuovi gruppi di automutuoaiuto, vis a vis o online, secondo il nostro modello salutogenico. Lo scopo è quello di coprire tutte le regioni italiane e poter rispondere alle numerose richieste di partecipazione che ci provengono dalle regioni con più alta natalità e di conseguenza con maggior numero di perdite perinatali.

"Il dolore è ancor più dolore se tace."
Giovanni Pascoli

PRIMA LETTERA

IL FATO

Il mio primo ricordo sul desiderio di maternità è legato alla mia infanzia, alla scuola.
Un componimento il cui titolo era: "Continua tu...pensando al tuo futuro".
Mamma mia, che domanda grande per una bambina di otto anni!
Io però ho scritto, senza esitare: "Pensando al mio futuro, mi vedo come un'archeologa ed una mamma felice...".
Che tenerezza provo ripensando a questo episodio, quanto ottimismo e sicurezza albergavano nel mio cuore puro di bambina.
Per me, nulla di tutto ciò si è realizzato... il sogno di diventare archeologa naufragato di fronte a necessità contingenti, quello di diventare mamma infranto scontrandosi con cause naturali, l'età avanzata e soprattutto contro enormi pezzi di DNA errati.
Io, contro quello che gli antichi chiamavano Fato.
Il mio Fato mi ha bastonata fino a farmi piegare sulle ginocchia per il dolore, mi ha fatto stringere forte i pugni pieni di rabbia, mi ha privato di quelle sacrosante lacrime che avrei voluto e vorrei ancora piangere, senza riuscirci.
Però, non mi ha spezzata. Ho scoperto di essere resiliente molto più di quanto potessi immaginare. Nonostante tutto, nonostante le estenuanti visite mediche, i percorsi di PMA, la superficialità di alcuni operatori sanitari, i lunghi e dolorosissimi esami clinici, nonostante una gravidanza arrivata inspiegabilmente dopo tanti anni, ed altrettanto inspiegabilmente terminata alla 12a settimana di gestazione.
Aborto trattenuto. Il momento in assoluto più doloroso della mia vita.

Con orrore ricordo il primo pensiero balenatomi nella mente dopo la frase: "Non c'è più battito": ok, questo bambino, perché per noi era già il nostro girino, non lo voglio più dentro di me. È morto. Io sono viva pur essendo morta insieme a lui. E poi rabbia, rabbia infinita verso me stessa.
Come ho potuto pensare questo? Come ho potuto dirlo a mio marito che invece piangeva disperato?
Eppure l'ho pensato, l'ho detto. Forse volevo punirmi per aver sperato, per aver avuto l'ardire anche solo di sperare che quella vita ce la potesse fare a vedere la luce.
Dopo l'intervento, con tanto di contrazioni lunghe e dolorose su una barella, vicina a una sala parto dove mamme urlanti davano la vita alle loro creature, io morivo dentro pensando al mio bambino morto così silenziosamente come era arrivato.
Attesa finita, terminata nella solitudine, nella più profonda frustrazione.
Chi ti circonda non riesce a capire, non riesce a trovare il giusto canale comunicativo ed emozionale.
Ho dovuto sentire tante sciocchezze e banalità da rimanere ogni volta senza fiato. Poi ho capito che probabilmente non tutte le sensibilità sono uguali e me ne sono fatta una ragione.
Ma la mia attesa era davvero finita?
La speranza di poter diventare mamma non mi ha mai abbandonata, sperare significa vivere, nonostante il lutto e il dolore. Sperare mi fa sentire come se fosse ancora vivo il mio girino che, proprio in questi giorni di febbraio, avrebbe compiuto tre anni.
Sperare, però, può anche essere pericoloso. Io ora lo so bene. In tre anni, quattro gravidanze naufragate rovinosamente in altrettanti aborti spontanei.
Gravidanze biochimiche le hanno definite i medici. Strano termine per me che con la chimica e la biologia a scuola ho sempre bisticciato!

Continuo anche adesso a litigare con questi eventi, non li capisco. O meglio, ho capito tutto dal punto di vista scientifico e ora posso solo, anzi devo, accettarli.
Quello che ancora fatico a comprendere è il perché di quello che sembra un vero e proprio accanimento del Fato. Non essendo neanche una credente fervida, non posso neanche godere del conforto della fede.
Quello che so con certezza è che il tempo della speranza è terminato, così come prima quello dell'attesa.
"Tempus edax fugit".
Ho compiuto 46 anni a dicembre e la menopausa mi sta corteggiando.
Ora è il tempo dell'accettazione consapevole e dolorosa che non tutti i sogni di bambina si sono realizzati. Posso solo ambire a pacificare il mio cuore, nell'attesa di poter abbracciare, in un'altra dimensione di spazio e tempo, i miei bambini di luce.
"I miei figli sono chicchi di grano soffiati dal vento
Veleggiano lievi nel dolce tormento.
Si posano,
Gocce di rugiada abbaglianti.
I miei figli saranno tutti i figli del mondo con gli occhi colorati di grano, scintillanti di rugiada".

C.

SECONDA LETTERA

MIRTILLO

Sono C. ho 41 anni e sono mamma, separata, di due figli di 17 e 15 anni. Con il mio compagno abbiamo deciso di avere un figlio. A novembre dello scorso anno ho scoperto di essere incinta e, avendo 40 anni, mi hanno consigliato di fare un prelievo specifico, anziché l'amniocentesi, per verificare che non ci fossero problemi.
Questo esame era da effettuare alla 12a settimana, per cui alla 9a ho richiesto un'ecografia per vedere se il piccolo stesse bene, visto che avevo avuto piccole perdite ematiche.
In quell'ecografia ho sentito il suo cuoricino battere forte, ma mi dissero che il piccolo risultava essere di 7 settimane. Non mi preoccupai più di tanto, pensai che magari il concepimento fosse stato dopo quello previsto, tanto stava bene, il suo cuoricino si sentiva forte.
Il medico mi disse che prima di fare quel famoso prelievo dovevo ripetere l'ecografia, perché se l'embrione fosse stato troppo piccolo il prelievo non avrebbe dato risultati.
Dopo 17 giorni, vado a fare l'ecografia, porto anche i miei figli per fargli vedere il fratellino, con tanto di telefono in mano per la ripresa e tanta emozione.
Ad un tratto il medico dice a mio figlio di spegnere la telecamera perché non c'era nulla.
Come nulla? La camera era vuota. Ma io non avevo avuto nessuna perdita cosi abbondante da far pensare ad un aborto spontaneo.
Chiamo il ginecologo che mi consiglia di attendere che il distacco avvenga da solo. Passa una settimana e mi reco in ospedale perché non ho sintomi. In ospedale mi fanno l'ecografia e chiamano un altro medico, parlano tra loro, mi guardano e mi dicono che c'era uno sfarfallio di battito e che c'era un embrione piccolo, di circa 7 settimane, di forma anomala. Come era possibile? Ho sentito il suo

cuore forte a 9 settimane e come era possibile che l'ecografista non si fosse accorto che il mio bambino, se pur minuscolo, fosse ancora lì?

Mi consigliano in ospedale di attendere che il suo cuoricino smetta di battere e tornare al controllo dopo una settimana. Questo logorio dura altre due settimane, nel frattempo la camera gestazionale cresceva normalmente per cui risultavo essere incinta di 4 mesi.

Il primo marzo, una domenica mattina, mi sentivo strana, non male, mi occupai della casa, preparai il pranzo, ma dissi a mia figlia che io non mi sentivo di mangiare e che mi sarei sdraiata.

Alle tre del pomeriggio ho sentito un'esplosione, avevo rotto quelle che sarebbero state le membrane e da lì a poco, non riuscendo ad arrivare in tempo in ospedale, ho avuto l'aborto in bagno.

Corsa in ospedale con metrorragia in atto, con cuore in frantumi e sola, senza il mio compagno, perché era fuori città per lavoro, e senza mia madre, morta tre anni fa.

Lo chiamavamo mirtillo, soprannome dato dal fatto che in un certo periodo sarebbe stato grande quanto un mirtillo.

Non saprò mai se fosse maschio o femmina, non conoscerà mai sua sorella e suo fratello. Ma saprà sempre quanto amore ha ricevuto in così poco tempo.

Una signora in ospedale mi disse che questi piccoli sono anime bianche che hanno solo bisogno di essere dimenticati.

Beh, mirtillo mio, sei custodito nel mio cuore, nella mia mente e lo sei stato anche nel mio ventre. Il mio bimbo mai nato che oggi avrebbe avuto quasi due mesi, non faccio altro che pensare a questo.

C.

TERZA LETTERA

CIAO TOMMASO

Io sono mamma di 3 bimbi.
Il primo, Tommaso, morto a 38 settimane più di 6 anni fa.
Il primo scoglio che ho dovuto affrontare è stato capirne il perché.
Morte bianca. Una spiegazione sbattuta in faccia da tutti i medici qui della zona, forse per paura che cercassi un colpevole. Ma io volevo solo sapere, per me quella vita meritava un perché.
Ho trovato aiuto in un patologo placentare a Genova e all'ospedale Careggi di Fir+enze (da Udine sono dovuta andare li per trovare risposte).
Risposta: placenta trombizzata causa di difetto di coagulazione.
Insomma, per 6 mesi ho bussato a tutte le porte e ho trovato solo medici che mi dicevano: "sei giovane, fanne altri".
Finalmente ho messo un punto e ho dato al mio cuore ferito delle risposte.
Non dimenticherò mai Tommaso, per noi c'è stato e sempre ci sarà.
È solo li, nel posto sbagliato, non nelle nostre braccia.
Le nostre braccia vuote si sono riempite con altri due bimbi meravigliosi, ma Tommaso sarà sempre quel posto vuoto a tavola o nel nostro lettone.
Cresciamo i nostri figli insegnando loro a essere grati di quello che hanno e a dare valore a questa vita interrotta, che non è un fantasma tra noi ma un bimbo paffuto che vedremo in un futuro.

Con affetto,
E.

QUARTA LETTERA

NON MOLLARE

Gennaio 2020, inizio di un anno scoppiettante: l'anno del nostro matrimonio. Incontri tra famiglie per conoscersi, scambio dell'anello di fidanzamento e tanto tanta felicità!
9 gennaio: ciclo irregolare ma con super ritardo, troppo ritardo. Decido di fare il test di gravidanza all'insaputa del mio ragazzo: positivo! Mix di gioia e tanta paura, dobbiamo sposarci, e ora? Ci tocca rimandare? Poco importa.
Ancora incredula il giorno successivo vado al laboratorio analisi per verificare il valore della Beta. Positivo. La dottoressa mi dice "Complimenti, signora, è già alla settima settimana". La mia reazione: lacrime, non di tristezza ma di panico! Come lo dico al mio ragazzo? Ai miei genitori? E il matrimonio?
La sera stessa chiamo il mio fidanzato che per lavoro era costretto a stare lontano e gli racconto tutto.
Amore sono incinta! Dall'altro lato del telefono: silenzio. Ci sei? Sì, come, quando è successo?
Insomma, una paura che subito dopo si è trasformata in felicità smisurata.
Appuntamento con il ginecologo: quanta emozione, curiosità ed immaginazione!
Il dottore mi guarda e dice: "Signora, ma quando ha avuto l'ultimo ciclo? Perché mi sembra strano, in base alla data che mi dice l'embrione è troppo piccolo".
C'è il battito del cuore, si vede sullo schermo, ma è destinato a smettere di battere perché questa gravidanza non proseguirà.
Ecco, il mio cuore distrutto. In grembo un bimbo che non nascerà.
"Allora, signora, non resta che rivederci tra una settimana e vediamo se è ancora presente il battito".

Penso non ci sia esperienza più brutta di andare in ospedale per accertarsi di una cosa del genere. Sono dovuta tornare ogni 3 giorni in ospedale fino al 29 gennaio, quando mi hanno detto: "Signora, il battito non c'è più. Dobbiamo rivederci per il raschiamento".
Dolore incolmabile e tristezza infinita, ma rimbocchiamoci le maniche e andiamo avanti: forse doveva andare così. Pensiamo al matrimonio che, per fortuna, avevamo temporeggiato a rimandare.
Marzo 2020: inizio della pandemia mondiale COVID-19.
Attimi di delirio, paura, matrimoni rimandati, piani B per tutto.
Lacrime amare, pare che non sia proprio il mio anno fortunato.
Ma, ancora una volta, devo risollevarmi da ogni tristezza e andare avanti, ancora una prova da superare. Io e il mio ragazzo ci guardiamo negli occhi e decidiamo di resistere e difendere con le unghie la nostra data.
Ci saremmo sposati comunque, da soli, ma l'avremmo fatto. I casi aumentano, ci sono i nuovi decreti, ma finalmente arriva settembre, il nostro mese: ci sposiamo.
Tutto è andato più che bene, l'amore vero e leale trionfa sempre.
Ma non è finita.
11 agosto ultimo ciclo, 11 settembre niente ciclo. (dopo il raschiamento il mio ciclo è diventato super puntuale, un orologio svizzero). Giorni di ritardo, dopo il quinto faccio il test: nuovamente positivo!
Il giorno, dopo laboratorio analisi: le beta bassine ma presenti. Forse sono andata troppo presto. Ritorno dopo 10 giorni: sono aumentate leggermente, ma non sono corrispondenti alle settimane dall'ultimo ciclo.
Vado dal ginecologo: vedo la sua espressione tenera e incupita nel dirmi che vede la camera di gestazione ma non l'embrione. Questa volta la diagnosi è: sospetto aborto interno. L'unica nota positiva? Non devo sottopormi di nuovo al raschiamento.

Non so più cosa pensare, mi toccherà aspettare il prossimo ciclo. Non voglio mollare, è il mio desiderio più grande!

G.

QUINTA LETTERA

CIAO ERNESTO

Parlo poco di lui, del mio primo bambino. Si chiama Ernesto. È arrivato, desiderato e fortemente voluto, quando io avevo già 38 anni. Il mio utero purtroppo non era adatto ad ospitarlo, per cui a 20 settimane ha deciso che era arrivato il momento di venire al mondo. Troppo presto, Ernesto, ti prego, stai ancora dentro la mamma! Niente, la mamma purtroppo non è riuscita a fare ciò che avrebbe fatto volentieri per tutta la vita, proteggerti. Solo questo doveva fare ma purtroppo il suo utero non glielo ha permesso. Siamo a Bologna, una calda giornata di agosto, sono a casa, rompo le acque, sono in travaglio. Troppo presto, porca miseria. Sapevo che con l'utero in quelle condizioni non avrei potuto arrivare al termine della gestazione, ma così è troppo presto. Oddio, sono piena di sangue. Ambulanza, pronto soccorso, visite.
"Signora, mi dispiace, il bambino non ce l'ha fatta".
"Lei sta perdendo troppo sangue, dobbiamo portarla in sala operatoria ed arrestare l'emorragia".
"Chi è il marito? Presto, ditegli di avvisare i parenti perché potrebbe morire". Ma come? Fino a stamattina eravamo le persone più felici del mondo! Sette trasfusioni, quattro giorni in rianimazione, sono viva. Viene il medico. Signora, dice, mi dispiace ma il suo utero andrà tolto. Non tutte le donne sono fatte per avere figli, lei è una di quelle. Baratro. Chiamo la mia ginecologa, un medico straordinario e una donna splendida, è negli Stati Uniti, mi dice solo: "Fatti rimettere in sesto. Al tuo utero ci pensiamo dopo".
Così è stato. Dopo quindici giorni di ospedale esco, svuotata del mio bambino, del mio futuro. Mio marito, il mio grande amore, è lì, al mio fianco. Ha perso il bambino ed ha rischiato di perdere la sua donna. Si fa forza, mi dà forza, è distrutto. Mi rassicura, mi dice che non importa,

che viaggeremo, ci ameremo e ci dedicheremo a noi due, che lui di figli non ne vuole. Che vuole me, viva e accanto a lui. Ma io, sono cocciuta. Comincio a fare visite e sempre al Sant'Orsola scopro che un chirurgo, un luminare, avrebbe potuto operarmi cercando di conservare l'utero per consentirmi un'altra gravidanza. Il rischio di un'altra emorragia c'è, ma io sono convinta. Lo voglio fare questo intervento. Mio marito, la mia forza, è preoccupato ma è lì, vicino a me.
Mi ricoverano nel marzo 2015. Dopo quattro ore di intervento: "Signora, il suo utero è salvo. Un po' malandato, ma può provare, non prima di fine anno, ad avere un bambino". Nel frattempo, ho 40 anni. Sono tanti ma non ci voglio pensare. A Natale iniziamo la dolce ricerca. Il 15 gennaio, test di gravidanza positivo. Gianluca voleva proprio arrivare. Nato in uno splendido martedì di settembre, nel 2016, con un meraviglioso parto cesareo programmato. Mamma e papà felicissimi. Oggi ha 4 anni, è l'essenza delle nostre vite. Penso che suo fratello gli abbia dato una mano ad arrivare da noi e che sarà il suo angelo custode sempre. Un giorno gli racconterò che ha un fratello anche lui.

A.

SESTA LETTERA

CIAO MATILDA

Quando io e il mio compagno abbiamo deciso di avere un figlio, non avrei mai pensato che ci sarebbero voluti 5 anni per poter avere tra le braccia Matilda.
Rimasi subito incinta, ma pochi mesi dopo la scoperta stetti male: all'ospedale mi dissero che si trattava di un aborto spontaneo. Ero ancora nella fase iniziale, mi fecero un raschiamento e dopo qualche giorno tornai a casa.
Accusai il colpo, consapevole del fatto che può succedere, soprattutto alla prima gravidanza, e riconfortata da ciò non mi persi d'animo. I giorni passavano, i mesi lo stesso e a tutto ciò si aggiunse un periodo difficile (la perdita improvvisa di mia madre) che non contribuì a favorire la gravidanza.
Dopo 3 anni, finalmente rimasi di nuovo incinta tra lo stupore e la felicità. Nel frattempo, cambiai ginecologo. Tutto sembrava procedere bene, era ancora un puntino, quello sarebbe diventato mio figlio. Durante la seconda visita, però, arrivò la mazzata, la faccia del ginecologo diceva tutto: "Il battito non si sente più".
Ero devastata, mi sentivo morire e anche il mio compagno si sentiva morire. Allora pensai che non era un caso, che qualcosa non andava, paura e dolore si fondevano. Programmarono il secondo raschiamento sperando che il ginecologo si fosse sbagliato, ma purtroppo no.
Le parole di conforto non mi bastavano più.
Dopo poche ore mi avrebbero rimandata a casa, ma prima dovevano farmi una visita, anche se io ero agitata e volevo solo andare via. A visitarmi era il pupillo del mio ginecologo, uno specializzando, che invece di capire il mio stato non solo fisico ma anche psicologico e anziché cercare di calmarmi, magari aspettare un po', mi disse che forse sarei dovuta andare da uno psicologo perché sono troppo ansiosa e questo potrebbe avere ripercussioni anche

in futuro se deciderò di diventare mamma. Non ascoltava le mie parole, gli dissi che era il secondo aborto, ma lui mi chiese se è la mia prima gravidanza e con tanta insistenza mi diede il biglietto da visita di una psicologa di sua conoscenza.
Ero allibita da questo soggetto che in cinque minuti mi aveva demolita, mi diede anche la seconda mazzata.
Forse i ginecologi sono i primi che dovrebbero fare un corso di psicologia, un corso per capire, per immedesimarsi in una persona che è appena uscita da un trauma e che l'unica cosa che desidera è tornare a casa e dare sfogo al pianto, abbracciare e stringere il suo compagno, che a distanza di ore dall'intervento non vuole essere toccata, visitata.
Questo episodio mi ha segnata ulteriormente, convincendomi del fatto che non sarei diventata una buona madre. I vari test di gravidanza, di ovulazione, facevano il resto, contribuendo a farmi cadere nel buio. Questo non significa che non sarei andata da uno psicologo se fosse stato necessario, ma non ne ho avuto il motivo perché mi è bastato il supporto del mio compagno e delle persone a me care.
Ora sono mamma, la mia bimba ha 18 mesi ed è un uragano. Forse sono un po' ansiosa, è vero, ma grazie alla mia bimba sono diventata più sicura e forte e sono uscita da quell'alone di tristezza che avevo a causa della mancanza e della perdita dei bimbi mai nati.

A.

SETTIMANA LETTERA

CIAO FAGIOLINO

Oggi, dopo sei lunghi e difficili mesi, posso dire di stare meglio, di aver elaborato il mio lutto, il nostro lutto, e di aver ritrovato la forza di andare avanti e credere nel futuro, sebbene con una ferita nell'anima di cui prendermi cura per sempre.
Per mesi ho pianto, ho tremato ai ricordi di quell'orribile giornata in cui la ginecologa mi disse: "Purtroppo non ho buone notizie, il cuore non batte" ed io che per un lungo istante ho pensato: "Che senso ha per me vivere?". Poi quel senso l'ho ritrovato, grazie a mio marito, ai miei genitori e a mio fratello, grazie a quelle amiche che nonostante la distanza e le restrizioni del lockdown mi hanno dato tutto il loro affetto, mi hanno sostenuta, mi hanno coccolata a distanza e spronata a guardare avanti, pur sapendo che la ferità in me non sarebbe guarita.
Il lockdown e la pandemia hanno avuto un peso non di poco conto nella mia storia. L'inizio è da film, il finale un po' meno.
Era il 27 febbraio quando ho scoperto di essere incinta del nostro primo attesissimo bambino, stavamo facendo un viaggio a Miami e ai Caraibi, dopo il quale ci avrebbe atteso la PMA. Il Covid-19, che inizialmente sembrava un problema unicamente della Cina, stava diffondendosi in tutto il nord Italia e noi dalla nostra crociera non avevamo ancora realizzato che di lì a poco sarebbe diventato una pandemia.
L'ultimo giorno di crociera, in preda a un ritardo di una settimana che io associavo al cambio climatico e non a una gravidanza, in quanto ormai convinta che solo una procreazione medicalmente assistita ci avrebbe aiutati a realizzare il nostro sogno di diventare genitori, mi decido a fare un test, spronata da una ragazza conosciuta in

crociera e da strani dolorini al basso ventre, un tantino diversi da quelli pre-ciclo. Non potevo credere ai miei occhi quando ho visto dal test di essere incinta! Ero talmente incredula che ho chiesto a mio marito di correre a comprarne altri due perché convinta ci fosse un errore. Ho pianto, ho chiamato i miei in Italia nel cuore della notte, ho scritto al mio ginecologo e solo al mattino seguente, quando ho ripetuto il test altre due volte, ho iniziato a convincermi che ci fosse una piccola vita dentro di me.

D'improvviso ho cominciato a guardare il mondo con altri occhi. Ho iniziato a pensare solo a lui o lei, abbiamo preso a chiamarlo fagiolino e a progettare tutto in funzione sua. Mi sedevo per non stancarmi troppo, ero attenta a ciò che mangiavo, bevevo spesso e facevo tutto per lui, non per me. Io ero passata in secondo piano, al primo posto c'era lui (non so perché inizialmente tendevamo a parlare al maschile).

Con non poche difficoltà riusciamo a rientrare in Italia, passando per Casablanca e Roma, fino ad arrivare a Cagliari, dove da due anni vivevamo io e mio marito, lui sassarese ed io napoletana (parlo al passato perché adesso viviamo a Napoli da pochi mesi). Inizia il lockdown e la mia gravidanza procede tra nausee continue e controlli ogni due settimane. L'ansia per le notizie sul Covid-19 ci affannava tutti i giorni e le incertezze dei primi tre mesi di gravidanza, unite al momento storico che stavamo vivendo, non ci permettevano di rilassarci completamente e vivere questa gioia a pieno. In fondo però poi non facevamo altro che parlare di fagiolino e progettare tutto per lui o lei. Io addirittura gli cantavo canzoncine e gli parlavo (continuo a parlare al maschile, non so perché). La lontananza dalle nostre famiglie in quel momento si è fatta dura. Nonostante vivessimo fuori da 10 anni, molti dei quali all'estero, ora che eravamo nella nostra nazione e più vicini alle nostre famiglie ci era stato imposto di non poter

uscire di casa, non poter correre da loro, abbracciarli e lasciarsi coccolare in un momento di fragilità.
Da un controllo all'altro inizio subito a vedere il cuore del nostro fagiolino battere a una velocità impressionante e sorprendente. CI viene tolta la gioia di poter andare insieme a fare le visite e mio marito inizia a vedere il suo fagiolino dalle stampe delle ecografie. Il Covid ci aveva tolto anche questo, anche la gioia di stringerci la mano mentre sullo schermo il cuore di nostro figlio batteva davanti ai nostri occhi.
Vabbè pazienza, passerà questo periodo. L'importante è che fagiolino cresca e stia bene.
Nella mia undicesima settimana o 10+4 come i ginecologi son soliti chiamarla, vedo finalmente la trasformazione di fagiolino in feto e mi innamoro perdutamente di lui: il suo cuore batte, le sue gambine e braccine si muovono, sembra quasi che mi saluti, ha la spina dorsale, il cervello...sono innamorata pazza di quel piccolo corpicino di 35mm che però è già completo e formato. Guardo la dottoressa innamorata persa e le chiedo quanto manca al fatidico momento in cui potermi tranquillizzare e considerare ridotte le possibilità di un aborto spontaneo: "puoi già stare tranquilla" mi dice e invece...
Due settimane dopo vado a fare la traslucenza nucale, pensando tra me e me "Sono entrata nella tredicesima settimana, fatto questo accertamento potrò tranquillizzarmi ulteriormente e gridarlo al mondo intero!". La mia pancina sta crescendo e inizia a vedersi già dal precedente controllo, mi sdraio sul lettino e mi viene detto che il cuore non batte più. Si era fermato pochi giorni dopo il penultimo controllo, in cui fagiolino si muoveva in tutto il suo splendore. Era cresciuto di soli 5mm il ché ci ha fatto pensare che già da una settimana si fosse spenta la sua vita, pur restando lì dentro di me.
Non so da dove cominciare. Devo dirlo io a suo padre, mio marito, e un senso di colpa mi assale perché devo essere io a dare così tanta sofferenza al mio caro amore. Ci

abbracciamo, ci coccoliamo, ci diamo forza a vicenda. Siamo sotto shock perché pensiamo che una vita si è spenta e adesso la morte è dentro il mio corpo. Da dove cominciare? Mia madre piange, vorrebbe mettersi in aereo ma siamo al 22 di aprile 2020, periodo storico in cui l'Italia è bloccata, ferma, paralizzata e la Sardegna è ancora più isolata di quanto non lo sia normalmente. Le chiedo di restare a Napoli perché tanto in ospedale con me non potrebbe venire. La mia ginecologa privata non risponde alle mie chiamate, non ho riferimenti, non siamo nella nostra città. Pensiamo di andare al Brotzu, il più grande ospedale del sud Sardegna e lì mi accolgono con affetto ma anche molta razionalità: per loro è normale quell'aborto che per me ha rappresentato il più grande senso di impotenza e disperazione della mia vita. Sono arrabbiata con i medici perché normalizzano una tragedia per me inaccettabile, insormontabile. Avrei voluto una macchina del tempo, avrei voluto poteri soprannaturali per fermare tutto e riportare il mio fagiolino in vita, avrei voluto che qualcuno mi dicesse che era uno scherzo. E invece no, dovevo accettare questo dolore e provare a mettere insieme le macerie per piano piano ricominciare. Inizio ad essere arrabbiata con fagiolino, penso che non mi abbia voluto bene come madre e mi abbia lasciato. Mi sento abbandonata e ferita da lui. Poi invece mi pento e inizio a chiedermi se lui volesse rimanere con me e per questo non si fosse staccato dal mio utero, nonostante la sua vita si fosse interrotta. Inizio a chiedermi se avesse sofferto e se anche lui fosse triste di avermi lasciata.
In tutto questo turbinio di pensieri sono sola in ospedale e l'unica cosa che avrei voluto era una mano da stringere, quella consolazione che in tempi di Covid-19 ti viene tolta e che rende tutto più difficile ancora. Sola, disperata in una stanza di ospedale penso che mi addormenterò e al risveglio non avrò più fagiolino. Mi rassegno al pensiero

di un interruttore che al mio risveglio avrà tolto quel corpicino da me.
Invece vengo messa nuovamente alla prova: i medici mi spiegano che un raschiamento è pericoloso, essendo oltre le otto settimane e quindi mi avrebbero indotto un'espulsione naturale per preservare il mio utero e fare un raschiamento blando, che non comprometta la mia salute e ulteriori gravidanze, così da poterci riprovare subito dopo il primo ciclo.
La fanno facile loro! Ci provo da anni e adesso insistete che ci riprovi fra un mese? Ma soprattutto, mi state dicendo che devo espellerlo da sveglia e soffrire anche quest'altro trauma?
Affrontiamo anche questo. Mi dicono che gli ovuli che mi stanno dando possono fare effetto anche dopo giorni e un senso di ulteriore disperazione mi assale perché io non vedo l'ora che tutto finisca e torni a casa da mio marito. Al secondo ovulo ecco che inizio ad avere contrazioni, crampi. Passo due ore a contorcermi sul letto, a correre in bagno, vomitare, stare male. Ricordo il volto cadaverico che avevo e che stentavo a riconoscere. Anche lì avrei voluto una mano da stringere e invece sola come un cane mi ritrovavo a scrivermi con mia mamma e la mia migliore amica che aveva anche lei vissuto un aborto. Preservo mio marito da questi dettagli ed evito di descrivergli ciò che mi stava succedendo. Passo così due ore in cui penso quasi di morire. Descrivo ciò che mi succede alla mia migliore amica, la quale a un certo mi dice che mi sto preparando, secondo lei. Meno male che almeno i cellulari potevamo usarli durante il Covid!
Ho così la lucidità di chiamare l'infermiera, la più dolce di tutto l'ospedale. Mi fa sedere e mi invita a chiudere gli occhi perché il momento si avvicina. Sto espellendo il mio bambino, sento qualcosa ma non capisco. Chiudo gli occhi, non guardo, non ci riesco.
Dopo un po' mi portano in sala operatoria, dove completano le operazioni di pulizia e mi stonano con il

sedativo più bello che abbia mai provato. Mi mette di buon umore, mi tranquillizza. Penso che vorrei vivere sedata per sempre così da non pensare, ma la vita non è così semplice e passato l'effetto del sedativo si fanno i conti con la realtà. Senso di colpa, vuoto, dolore, mancanza. Lutto. Questo è tutto ciò che mi attraversa. Voglio tornare da mio marito e stringerlo ma anche il suo abbraccio, che arriva dopo poche ore, non riesce a colmare il senso di vuoto che mi pervade. Arrivo a casa e la mia consolazione è un panino con la mortadella, che non mangiavo da 3 mesi. Da allora la mortadella è il mio premio nei momenti di sconforto. Mi ricorda che ce la posso fare. Mi dà la carica.

Mia madre è serena e grintosa, mio padre ha un crollo, soffre per il mio dolore e si lascia andare in un pianto disperato quando tutto è ormai finito e si deve cominciare a ricominciare.

Da allora fino ad oggi ho cacciato fuori una grinta pazzesca e affrontato nuove sfide, il tutto per sentirmi viva e provare a guardare avanti, pur presa dal dolore, dallo sconforto, dalla delusione. Ho cambiato città e son tornata a Napoli, ho cambiato dipartimento al lavoro, ho cambiato team. Ho visitato nuovi posti e rivisto luoghi della mia infanzia che quasi non ricordavo. Ho mangiato tantissimo e mi son poi messa a dieta, perdendo 4kg. Ricordo fagiolino in ogni giorno della mia vita, gli rivolgo un omaggio pur sforzandomi di andare avanti. Da poco ho ripreso a sperare, ma qualunque gravidanza arriverà, sarà sempre seconda a lui.

A.

OTTAVA LETTERA

CIAO ANDREA

In pieno lockdown io, mamma 41enne di due meravigliose creature di 10 e 8 anni scopro di essere incinta... (che poi noi lo sappiamo subito, prima di un test). Ricordo quel 14 aprile, mio marito con il test tra le mani che mi guarda ed esclama: "Cacchio, ho venduto ieri il trio"!
Era felice, il suo volto sprigionava felicità pura. Io ero spaventata. Ho pensato ai miei bambini e ai miei 41anni. Mille paure, ansia, agitazione. Prenoto una visita con il mio ginecologo. Causa Covid, vado al primo appuntamento da sola e mi bastano quei fatidici 3 minuti di tu tum tu tum tu tum e tutto si allinea. Lo amo di già. Il mio cuore in quei tre minuti magicamente si è già ridiviso da due in tre.
Torno a casa e per un mese, mentre tutto il parse vive angosciato, io e la mia tribù sogniamo su come ci si stravolgerà la vita, faccio i conti con le età e immagino la mia bambina che a 14 lo accompagnerà all'asilo, lo vedo piccolo, col naso impiastrato, accoccolato a suo fratello incantato dalla precisione con cui monta un Lego, vedo mio marito piegato su una biciclettina che gli dice ti tengo ti tengo e poi toglie le mani e lui va e io immortalo quel secondo, vedo il mio seno ancora nudo caldo e mi sembra già di sentire il suo odore su di me, quel sentirsi per sempre legata a lui.
Arriva la seconda visita. Vado carica, dopo quella (oramai terminato il primo trimestre), l'avrei detto al mondo.
Mi sdraio e il mio dottore mi stringe la mano, mi accarezza il viso e mi dice che non c'è battito. Andrea è volato via.
Vado in Pronto Soccorso sola, le lacrime dietro la mascherina mi appannano tutto. Non vedo e non sento niente, faccio tutto quello che mi viene detto di fare, non

ho espressioni, non parlo, uso monosillabi. Voglio solo tornare a casa mia dai miei bambini.
Le poche persone che lo sapevano sono riuscite solo a dire: ne hai già due, pensa alle donne che non ne hanno. Vero, verissimo, ma io non lo amavo meno, l'amore non si misura. Il mio dolore non valeva di meno.
Mi sono vergognata del mio dolore, ma avevo bisogno di soffrire e non mi era concesso.
Sono passati cinque mesi, tra un mese Andrea sarebbe nato.

D.

NONA LETTERA

CIAO VITTORIA

All'età di 31 anni mi sono ritrovata incinta di un uomo che conoscevo da cinque mesi. Era stato un colpo di fulmine che però, nel momento del ritardo, si stava via via spegnendo.
Ricordo ancora l'angoscia che ho provato quando mi decisi a fare il test e attendevo che lui ne leggesse l'esito: non avevo il coraggio, ero terrorizzata da quel 50% di possibilità che fosse positivo.
Al "sarai mamma, una bellissima mamma" mi misi le mani sul viso e urlai NOOOO.
Vidi in un attimo svanire tutti i miei sogni (avevo sempre desiderato diventare madre, ma non ero certa di amare quell'uomo); immaginai la sorpresa dei miei genitori, che quell'uomo non lo avevano mai visto, e l'imbarazzo che gli avrei procurato; sentii i commenti della gente: "Incinta? Ma se non è fidanzata con nessuno".
Me ne andai, concentrata tutta sulla mia disperazione, lasciando A. solo tra le lacrime.
Nemmeno di fronte all'abbraccio amorevole di mia madre ("sono felice perché so che è quello che hai sempre desiderato") e alle poche e solo apparentemente banali parole di mio padre ("se sei felice, io lo sono per te") ho superato quella sensazione di fallimento e vergogna che provavo.
Ho anche sperato che... non oso neanche dirlo, ma avvertivo quell'ombra intravista nella prima ecografia come la mia rovina. Pensieri indegni.
Trovavo un po' di conforto solo nel pensare che Dio non poteva avermi mandato un figlio per farmi del male.
Non mi restava che agire come la mia impostazione sociale e mentale mi richiedeva: sono andata a convivere, fingendo entusiasmo e convinzione.

Odiavo quell'uomo che, con spirito infantile, ritenevo responsabile di avermi rovinato la vita.
Mi sono data tempo.
E lei, la creatura che piano piano e con ostinazione cresceva dentro di me, ha fatto il miracolo. Ho iniziato ad amarla e con lei ad amare con tutta me stessa quell'uomo, il suo papà: oggi siamo sposati e stiamo insieme da 19 anni.
Sono seguiti mesi meravigliosi, pieni di amore, progetti, entusiasmo.
Fino a quel 5 ottobre 2002. Ero alla conclusione della 36a settimana. Il giorno prima ero stata a Venezia per vedere una prova dell'esame di stato che avrei fatto di lì a pochi mesi. Mi ero affaticata, ma in quel periodo mi sentivo forte come non mai, tanto da sottovalutare con imperdonabile ingenuità le contrazioni che quella notte mi assalirono.
Sarà che ieri ho esagerato, mi dicevo.
Alle 10 del mattino, però, decisi di andare in ospedale. Ci incamminammo io e Alberto con una serenità che oggi sa di beffa. Tracciato, ecografia, cambi di stanza, sorrisi appena accennati delle ostetriche, sguardi incrociati e infine quella domanda del medico: "Da quando è signora che non la sente muovere?"
Mi sono ritrovata come quella sera che ho scoperto di essere incinta, stesa sul letto, con le mani sul viso, a urlare NOOOO.
Ricordo il pianto dignitoso e timido di Alberto e l'abbraccio forte che ci siamo dati; gli occhi persi e il silenzio inerme di mio papà che avrebbe affrontato quel dramma senza mia madre, lontana in vacanza.
L'ostetrica dagli occhi lucidi, ma pieni di premura, mi convinse a fare un parto naturale: "Sei pronta, sei dilatata al punto giusto, ti faremo l'epidurale, evitiamo il cesareo che è pur sempre un'operazione".
E ho acconsentito, nello sconforto più totale, ma nella ferma convinzione che così avrei dato alla mia bambina tutta la dignità di persona che le apparteneva; non era un

male o qualcosa di brutto da estrarre da mio corpo in un asettico silenzio, ma un essere umano che aveva vissuto dentro di me per molto tempo.
Sentire una creatura che scivola fuori dal tuo corpo, avvertirne sensibilmente la testa, le spalle, le braccia e infine i piedini e poi non sentirne il pianto. È inimmaginabile, devastante.
Mi risuona ancora nelle orecchie quell'"eccola" che ho urlato quando l'ho sentita definitivamente separarsi da me.
Come ho impressi nella mente gli occhi azzurri del ginecologo che mi fissavano con umana compassione mista a impotenza.
Di lì mi ritrovo ad indicare ad A. quale, tra le tutine che avevo preparato per il lieto evento, consegnare alle infermiere per vestire quel corpicino.
Mi rivedo poi qualche giorno dopo ad accarezzare una piccola bara bianca.
Mi sono a lungo pentita per non averla voluta vedere, così mi avevano consigliato conoscendo la mia sensibilità. Mi sono sentita una mamma indegna, per non averle dato un'ultima carezza, la prima carezza; per averla lasciata sola. Mi consola ancora oggi il pensiero che Alberto l'ha accarezzata anche per me.
Il ritorno a casa è stato altrettanto devastante e così i mesi a venire: snobbavo chi per consolarmi parlava di depressione post-parto, che di lì a poco sarebbe finita. A me non mancava la mia pancia, mancava la mia bambina.
Le poche volte che uscivo, evitavo con grande abilità quelle mamme con cui avevo condiviso la gravidanza e che incontravo a spasso con i loro passeggini: mi chiedevo perché io non mi fossi meritata quella grazia.
Nonostante tutto, un mese dopo il parto, sono riuscita a superare l'esame di stato.
Sono stati anni difficili, di tentativi continui per superare quel lutto, per avvertire sempre meno la mancanza di quella bambina tanto desiderata.

Ora Vittoria è là, accanto ai miei nonni. Ogni tanto andiamo a salutarla, io, A. e il nsotro bambino e la ringraziamo per l'amore e la famiglia che ci ha donato. Oggi avrebbe 18 anni.

I.

DECIMA LETTERA

L'ARCOBALENO

Mi sono sposata ad ottobre 2018 e non abbiamo pensato subito ad un bimbo, un po' per il lavoro e un po' per varie dinamiche. Dopo un anno, abbiamo deciso di provarci, ma niente, la gravidanza non arrivava.
Finalmente, giugno 2020: positivo. Sono incinta! Eravamo così felici che l'abbiamo comunicato alle nostre famiglie. Tutti entusiasti. Chiamo il mio ginecologo, faccio il primo esame le famose BETA HCG tutto nella norma. Il 14 luglio prima ecografia: eccolo, uno scricciolo di pochi millimetri e un cuore che batte. Ripeto un'altra eco e poi ancora un'altra il 4 agosto. I millimetri diventano centimetri e il cuoricino sempre che batte. Mi sento già mamma.
Arriva il giorno dello screening per le anomalie cromosomiche BI TEST. Il giorno prima ritiro il referto del prelievo del sangue e in base ai valori c'era già qualcosa che mi preoccupava; mi confronto con le mie amiche che avevano già fatto il BI TEST ed erano totalmente differenti. In me sentivo che c'era qualcosa che non andava.
È la mattina del 27 agosto, mi reco in clinica. È il mio turno! Entro nello studio della dottoressa e appena appoggia l'ecografo già vedo la sua espressione in volto. E poi quelle parole: "Federica, io non so cosa sia successo, ma non rilevo più battito".
Inizia quel vortice che ti viene a risucchiare, non sai dove ti stia portando, provi dolore, disperazione, perché proprio a me? Ero già a 13 settimane. Chiamo il mio ginecologo, mi rassicura, mi tranquillizza, mi sostiene e mi calma. Per quello che può fare.
La sera inizio ad avere dolori e perdite, causa Covid, l'ospedale deve prima fare il tampone per eseguire l'intervento.

Il 28 agosto mi alzo dal letto, vado in bagno ed è lì che nasce mio figlio.
Sono mamma di un angioletto di 13 settimane.
Vado in ospedale, ricovero immediato, tampone e raschiamento per quello che era rimasto. Zero supporto psicologico.
Il 29 mi dimettono. Sono a casa. Io e mio marito ci guardiamo e in silenzio piangiamo. Quel vuoto ti avvolge, ti stringe e ti distrugge. Non ho avuto aiuto e sostegno di nessuno, né in ospedale e né fuori, tranne che da una persona a cui devo molto: il mio ginecologo. Prima come uomo e poi come dottore. Dico a tutte le mamme che hanno vissuto questa brutta esperienza: i nostri figli ci guardano e ci proteggono. Un figlio perso non si dimentica mai. E quando arriva, l'arcobaleno vivrà in lui.

F.

UNDICESIMA LETTERA

CIAO ESTHER

Era luglio 2009, sposata da quasi un anno, tornata da una meravigliosa vacanza a Minorca, scopro di essere incinta. 14 aprile 2010. Ero la ragazza (all'epoca avevo 29 anni) più felice della terra. Quando scopriamo che era femmina la gioia era talmente tanta che non stavamo più nella pelle. Abbiamo scelto subito il nome, Esther, perché la mia amata nonna materna, che mi aveva lasciato qualche anno prima, si chiamava Esterina. Gravidanza perfetta, nessun problema, esami sempre nella media ed ecografie che mostravano una sana bambina crescere costantemente. Arriva la DPP, il 14 aprile 2010, visita e monitoraggio di controllo che dimostrano solo un calo del liquido amniotico (mi dicono che è normale nell'epoca di gestazione in cui ero). Aspettano di vedere se faccio pipì e poi mi rimandano a casa. Quel giorno tornai in ospedale altre due volte perché non stavo bene, ma mi rimandavano a casa (facendo veloci controlli) dicendomi che era solo ansia mia per il parto, visto che era la mia prima gravidanza, e che non era il momento giusto. Tornai alla notte tra il 14 e il 15 e mi dissero che ero dilatata di 3 cm, di lì a poche ore avrei conosciuto la mia piccola Esther. Quando presero l'ecografo però vidi che qualcosa non andava sul volto dell'ostetrica e del ginecologo, mi chiesero da quanto non la sentivo muovere, ma ero stata da loro poche ore prima e tutto era regolare. Poi mi dissero la fatidica frase: "Signora non c'è battito".
Mi fecero un cesareo d'urgenza, ma Esther nacque senza vita la mattina del 15 aprile 2010 a causa di una sofferenza fetale che i medici sottovalutarono la sera prima. Era 50 cm per 3.420 kg, bellissima, con la bocca uguale al suo papà. Quelle ore sono indelebili nella mia mente e nel mio cuore, siamo riusciti a farle giustizia, ma la sua assenza è,

anche oggi che sono passati 10 anni, molto dolorosa. La sento ogni giorno, mi dà la forza per andare avanti e la sua presenza è forte dentro di me.

R.

DODICESIMA LETTERA

FRIDA E ORLANDO

Frida ed Orlando. Come dimenticare le emozioni legate a questi due nomi.
No, non le voglio dimenticare, perché, sebbene ne abbia vissute di tremende quando ho preso coscienza che sarebbero stati annoverati nel lungo elenco dei bambini mai nati, le emozioni che ho provato quando ho scoperto per la prima volta di aspettare questi due cuccioli sono state grandiose.
Ho un figlio, Luca, di 14 anni e quando ho scoperto di aspettare Frida era il 2018, 12 settembre 2018.
Che gioia poter regalare una sorella a Luca, era il mio più grande sogno.
Luca da quando aveva 6 anni stava sperimentando tante emozioni, non belle, dovute alla mia separazione con il padre e in quel periodo stavamo vivendo un momento molto difficile; da un anno avevamo scoperto che il papà era malato di cancro, di un cancro che non perdona, quindi scoprire che una nuova vita nasceva dentro me ci ha portato un po' di ottimismo, forse ci ha fatto addirittura pensare che magari potesse accadere un miracolo, che insieme a questa nuova vita, l'altra, anch'essa molto giovane, potesse continuare.
Io avevo sentito Frida quando in punta di piedi era arrivata dentro di me e l'ho sentita quando con la stessa eleganza è andata via.
Ha avuto i modi di una ballerina. Avevo sempre desiderato una figlia femmina che amasse ballare e lei, anche se solo per pochissimo tempo, questo sogno me l'ha regalato.
Ho dovuto lasciarla andare.
Mi sono sentita impotente rispetto ai dolori lancinanti provati mentre andava via e mentre avevo la certezza che non avrei potuto trattenerla e nello stesso periodo anche il papà di Luca l'ha raggiunta.

Non era sua figlia, perché eravamo separati da anni, ma ricordo con esattezza la luce dei suoi occhi quando gli ho detto che nostro figlio avrebbe avuto una sorella (che poi, per inciso, non ho mai conosciuto il sesso, ma ero certa che fosse femmina).
Le ultime parole che il papà di Luca mi disse prima di lasciarci furono: "Riuscirai a dare un fratello a Luca" ed è per questo motivo che, quando a Febbraio 2020 ho avuto la fortuna di accogliere dentro di me un altro piccolo seme, ci ho creduto.
Ho creduto che Orlando fosse il figlio che stavamo aspettando.
Credo molto alle coincidenze.
Ai significati dei numeri e delle date.
Mio figlio Orlando (anche in questo caso non conoscevo il sesso, ma ero certa fosse un maschio) sarebbe dovuto nascere lo stesso giorno del compleanno del papà di Luca.
Assurdo pensare che fosse un regalo che qualcuno (anche se sono atea) ci stava facendo.
Assurdo pensare che potessimo vivere finalmente una gioia.
Il disincanto è arrivato, infatti, di lì a poco.
Insieme alla pandemia.
Anche Orlando stava lasciando il cantuccio dove si era rifugiato e lo stava facendo in un altro momento molto difficile delle nostre vite.
La mamma del mio compagno, del papà di Orlando, era in una fase terminale di un male che la affliggeva oramai da anni.
I confini tra le regioni erano oramai chiusi.
Lei abitava in Puglia, noi in Basilicata.
Orlando non c'era più, anche in questo caso i dolori della sua perdita furono lancinanti, non solo dolori fisici, ma ancor più psicologici.
Vedevo il mio compagno molto combattuto: da un lato c'era il dolore per la perdita di un figlio e dall'altro lato il

dolore per quella che sarebbe stata l'imminente perdita della mamma.
Io ero impaurita, spaventata, addolorata, ma vederlo stare male così intensificava il mio dolore.
Gli chiesi allora di andare dalla mamma, di trascorrere con lei gli ultimi giorni che le rimanevano.
Fu così che lui andò in Puglia e non poté più tornare a causa dei confini chiusi.
Io e Luca rimanemmo in Basilicata ad elaborare il nostro lutto e ad affrontare forti emorragie e dolori lancinanti a tal punto da pensare me ne stessi andando anche io.
Fui colta da una paura più grande di qualsiasi cosa, tanto da farmi perdere la lucidità in alcune occasioni. La paura di lasciare Luca totalmente solo, senza riferimenti. Per fortuna l'emorragia si placò e con calma e pazienza le cose tornarono alla pseudo normalità.
Gli ultimi due anni sono stati per me anni difficili, tristi, ma da non dimenticare.
Poter accogliere nel proprio grembo una vita è una fortuna, per quanto poi si stia male quando quelle vite ci lasciano, prendendo la propria strada verso qualsiasi altra parte del mondo, ciò che rimane, passato il dolore grande dei primi tempi, è un sentimento di amore profondo, immenso; una tenerezza morbida ed inspiegabile.
Come se quel figlio o quella figlia fossero nati ed avessero vissuto un'intera vita nello spazio di poche settimane o mesi.
Mi sono consolata pensando a quanto scriveva Gibran ne Il Profeta.

"I vostri figli non sono i vostri figli.
Sono i figli e le figlie della forza stessa della Vita.
Nascono per mezzo di voi, ma non da voi.
Dimorano con voi, tuttavia non vi appartengono.

Potete dar una casa al loro corpo, ma non alla loro anima"

Ecco, questo mi piace pensare, che le loro anime abbiano trovato un luogo meraviglioso dove abitare. Sapere che fluttuano felici tra le stelle dell'universo mi rende serena.

V.

TREDICESIMA LETTERA

CIAO NOE

Ti ho visto così: una mano sulla testa e una sul cuore. Come se ti stessi coccolando da solo. Eri un minibimbo perfetto e io in quei pochi istanti in cui ti ho preso in braccio mi sono sentita bellissima e fortunata di essere la tua mamma. Non avevo capito niente, non avevo capito il vuoto, era come se vedessi tutto dall'esterno: immobile sul letto.
Era il 15 agosto 2019, erano le 15.31. Ti hanno registrato con il nome di Celeste. Io avevo visto il tuo pisellino e volevo chiamarti Noè. Nessuno mi aveva dato la conferma che fossi maschio perché avevo passato la gravidanza a dire che se fossi stato maschio non saresti sopravvissuto a tutto quel casino fatto di emorragie e corse in pronto soccorso.
Ci credevo. Nonostante tutto ci credevo, la gioia era più grande della paura perché tante erano le coincidenze: saresti dovuto nascere lo stesso giorno in cui avevo perso il mio primo bambino. Quella volta mi ero detta che dovevo essere coraggiosa, che era una cosa che capitava a molte; avevo pianto per mesi e poi eri arrivato tu, il mio riscatto, il mio regalo. Una gravidanza difficile, a letto per continue perdite, ti chiamavano "minaccia d'aborto" e mi trattavano come se fossi una pazza paranoica, ma io, te e il papà eravamo una squadra zoppa ma bellissima.
Ti ho potuto coccolare, 15 settimane a letto, in tua funzione, ad ascoltarti, a progettare, a guardare nuvole. Io e te contro tutti e tutto, contro chi mi diceva che non potevo pensare di stare a letto per un'intera gravidanza, che sarebbe stato difficile, che dovevo essere egoista e lasciarti andare. A me non pesava: avevamo te e, sebbene avessi passato una vita con una mamma ostetrica a sentirmi dire che la gravidanza era il momento più gioioso

per una donna, a me quella gioia non era stata data. E io stavo bene ad essere la tua mamma.
Abbiamo guardato molte nuvole, l'estate degli altri, un sacco di film e le stelle cadenti nella notte di San Lorenzo. Abbiamo avuto tanta fantasia e quando gioco con i miei nipoti penso a come sarebbe con te. So che nella mia fantasia diventerai grande e sarai un bambino con il quale a volte mi arrabbierò. Avevo scelto un nome buffo perché ti immaginavo simpatico, non avevo pensato che Noè è colui che sceglie chi rimane e chi sale sull'Arca. Così una notte mi è venuta una sepsi, e hai deciso che rimanessi io. Hanno salvato me e fatto nascere te troppo presto e io adesso vivo per tutti e due, continuo a guardare le nuvole e vivo con una mano sulla testa e una sul cuore.
Ti prometto di avere ancora fiducia nella vita amore mio!

E.

QUATTORDICESIMA LETTERA

ERI TU

Era il 2015, a luglio ho saputo che qualcosa, qualcuno, cresceva dentro me. Non era inaspettato, lo cercavamo.
Passa l'estate, tra le più belle, la pancia fa capolino ma non troppo, in pochi se ne accorgono.
Ma tutto procede bene, credo, invece l'11 novembre, giorno della morfologica, giorno in cui dovevamo scoprire se sarebbe stata una bimba o un bimbo, mi sveglio tra lenzuola rosso sangue, nessun dolore. Corro all'appuntamento, 10 minuti di ritardo, piangendo, la dottoressa mi rimprovera per il ritardo, io piango, non ho la forza di dirle che probabilmente qualcosa è andato storto, non capisce perché io pianga. Alla visita vede il sangue, raggela, vediamo il battito, non è detta l'ultima, secondo lei, ma io già sentivo il freddo, la nausea, il dolore, il vuoto della perdita.
Il cuoricino non batteva più.
Con una lettera di ricovero urgente io e mio marito andiamo in ospedale, lui è assente, io forse più di lui, da quel momento in poi non sento più nulla, zero.
Mi assegnano un letto, mi danno una pillola per iniziare l'aborto.
Dopo una mezz'ora inizia il travaglio, iniziano le contrazioni. Si va in sala operatoria e inizio a spingere sapendo che dopo tutto quel dolore resterà il vuoto.
Espulso il feto procedono con il raschiamento.
Il medico mi chiede: "Vuole conoscere il sesso?". Io rispondo di no, non ne ho il coraggio, non ho il coraggio di farlo diventare un nome, associarlo a un ricordo, chiudo gli occhi e dopo un po' mi risveglio in una stanza asettica.
Mio marito si accerta del mio risveglio, ma poi va a lavoro, lui dice che ha bisogno di non pensarci, io ad oggi non gliel'ho ancora perdonato.
Anche io avrei voluto non pensarci.

Due giorni dopo chi sapeva non rispettava il lutto, infilava il dito nella piaga:
Dai sei giovane riprovaci appena puoi.
Meglio ora che più tardi no?
Pensala così, è stata selezione naturale!
Qualche giorno e riaprite il cantiere.
Per un anno sono sopravvissuta, non vivevo, andavo avanti per inerzia.
Solo con l'aiuto di uno psicologo ho affrontato ed elaborato il lutto, ho accettato anche il dolore di mio marito e ho ripreso in mano le redini della mia vita.
Ma quel sapere che altro avrebbe potuto essere mi accompagna sempre.
E il mio rimpianto più grande è stato quello di non aver avuto il coraggio di sapere di più di "lui/lei".
Ora ho una bellissima bimba di 3 anni, la mia bimba arcobaleno, ma la sua gestazione è stata vissuta con una paura tremenda. 9 mesi in cui ogni dolore era allarme, ogni volta che andavo al bagno ero terrorizzata all'idea di vedere macchie rosse sulla carta igienica.
Ho superato i miei limiti solo per il desiderio di stringere la mia bimba tra le mie braccia.
Ma ora, che iniziano a chiedermi: "E il fratellino non arriva?" vorrei tanto spiegare a queste persone poco sensibili che manco di coraggio, che solo l'idea mi fa accapponare la pelle, invece sorrido e continuo per la mia strada.

A.

QUINDICESIMA LETTERA

PATASGNAFFO

L'altro giorno un'amica mi ha chiesto se pensassi mai a te.
È stata la prima in nove anni. La prima che mi abbia chiesto come sono stati i giorni successivi, se me li ricordassi.
Certo che me li ricordo, certo che penso a te, non tutti i giorni, ma spesso. E da un po' riesco a farlo anche con un sorriso.
Di quei giorni ricordo il grigio, il grigio dentro, il grigio del cielo e il grigio dei marciapiedi.
Gli sguardi sfuggenti e preoccupati di chi sapeva, che via via si sono persi e non sono mai più tornati a chiedermi di te.
Te che dovevi essere Patapulce a questo punto, che il suffisso pata allora ancora aveva graziato la nostra famiglia. Il fratello di Patasgurzo, quello con cui avrebbe giocato a pallone e che non gli avrebbe riempito la casa di rosa e glitter. Quello lo avrei fatto comunque io, che Patasgurzo e Patapà si rassegnino. Te che hai deciso che in questo mondo non volevi venire, sicuramente perché avevi opzioni migliori. Non sei stato l'unico, ma l'unico che ci abbia illuso così tanto, l'unico che mi abbia costretta non solo a perderti, ma anche a partorirti.
Quindi a te penso di più, non me ne vogliano gli altri. Perdere un figlio è un'esperienza sempre devastante, ovvio che se il figlio è venuto al mondo lo è di più. Nessuno potrebbe mai negarlo.
A queste madri viene concesso il lutto e donata una dannazione eterna che non oso neanche immaginare. Alle madri che perdono un figlio, prima della sua nascita, questo non viene concesso. Si dimentica presto chi non si è mai visto. Ma una mamma che perde un figlio, anche se custodito intimamente per poco non può dimenticare.

Perché non solo ha perso un figlio, perché lei così lo sente da subito, ma ha perso un figlio perfetto. Un figlio ideale, che non ti fa passare neanche una notte in bianco, che non fa capricci, che è sicuramente bellissimo, di una simpatia esplosiva e di un'intelligenza che tu proprio te la sogni. Sogni. Ecco cosa predi, il figlio dei tuoi sogni, a un pezzo di strada della sua alba. Tu lo perdi e il mondo se lo dimentica.
E forse va bene così, forse è anche quello che ti fa andare avanti, che ti aiuta a far tornare normale la tua vita, a regolare il tuo respiro e ritmare nuovamente a sincrono i battiti del tuo cuore.
Poi ci sono gli altri tuoi figli, perché sei stata dannatamente fortunata ad averne di così simili a quello dei tuoi sogni, ma quello non ve lo sto neanche a dire.
Però è stato bello che qualcuno si ricordasse di te, e proprio in questi giorni, in cui, nove anni fa avresti dovuto infrangere allegramente l'immagine del bimbo ideale, per diventare un normalissimo, bellissimo, rompiscatolissimo Patasgnaffo.
Perché, che ti piaccia o no, questo sei, della nostra famiglia farai comunque parte.
In qualche modo sei venuto al mondo in un freddo aprile, ti porto sempre qui, all'interno del mio polso. Un nontiscordardime, scelto per il suo colore, che sarebbe stato quello di tuoi occhi, scelto per il suo nome. Solo l'anno successivo avrei realizzato che è proprio in aprile che questi piccoli fiori invadono pervicacemente il mondo, colorando prati, ma spuntando anche dove non ti aspetteresti. E così tutti gli anni tu vieni al mondo. E non mi sembra decisamente poco.

G.

SEDICESIMA LETTERA

LEONARDO E MICHELE

Il 16 Dicembre 2019 scopro di essere incinta, ma dopo un paio di minuti di felicità indescrivibile, la mia mente mi catapulta a Luglio del 2016, quando avevo fatto il mio primo test di gravidanza: il risultato in pochi secondi era già positivo ed ero al settimo cielo.

Dopo un paio di settimane ho fatto la visita dal ginecologo, il quale mi ha confermato la gravidanza, ma mi ha dato un secondo appuntamento a distanza di due settimane perché ancora non si vedeva attività cardiaca.

Alla seconda visita con grande stupore scopro che i battiti sono due! Gemelli, una sola placenta, due sacche, in termini tecnici gravidanza gemellare monocoriale biamniotoca.

Siamo felici, ma anche molto spaventati, a 23 anni avere due bambini contemporaneamente è decisamente spaventoso.

Compriamo un appartamento più grande, in centro città, e iniziamo a farci delle idee su quella che sarebbe stata la loro cameretta.

La gravidanza procede, con qualche mio problema: iperemesi, calo di peso e scialorrea, cioè una continua produzione di saliva che devo per forza sputare.

Nonostante ciò, andiamo avanti, facendo un'ecografia ogni due settimane, perché con i gemelli funziona così, si fanno molti più controlli. Arriva novembre, è tempo di fare la morfologica. Dopo un'ora di visita, mi dicono che c'è qualcosa che non va, si consultano, chiamano diversi medici. Per fortuna, sono con mia madre.

Mi spiegano che si è verificata la TTTS, cioè la sindrome da trasfusione feto-fetale. In poche parole, citando come fonte Wikipedia, "in questa situazione, in cui due o più gemelli condividono la stessa placenta e lo stesso corion, si presenta una alterazione della circolazione fetale che comporta una distribuzione ineguale della quantità di sangue che si porta

dalla placenta ai gemelli. Nelle condizioni più gravi può avere un tasso di mortalità compreso tra il 60 e il 100%".
Sono terrorizzata e triste, non riesco a smettere di piangere.
Da Trieste andiamo a Brescia pochi giorni dopo per provare a risolvere la situazione con una delicata operazione in utero. Sembra sia andato tutto bene, torniamo a Trieste. Un'altra ecografia qualche giorno più tardi, bisogna tornare a Brescia. Durante la visita arrivano le temute parole: "Non c'è più un battito". Sprofondo nel dolore.
Una volta ritornati a casa, c'è una scelta da fare, la più difficile di tutta la nostra vita fino a quel momento: continuare la gravidanza con il piccolo rimasto o interromperla. Sono a 21 settimane, bisogna decidere in pochi giorni, altrimenti non potrò più farlo.
I medici del Burlo di Trieste sono con noi, qualsiasi sia la nostra scelta ci seguiranno nel percorso e, se avessi voluto avere un po' di più tempo per decidere, era stato contattato un ospedale in Slovenia, dove avrei potuto interrompere la gravidanza anche più tardi.
Con grande dolore, pochi giorni più tardi, decidiamo per l'interruzione volontaria di gravidanza.
L' 11 Dicembre del 2016 non lo scorderò mai, ho partorito i miei bambini morti. Avevo il mio compagno vicino, il quale ha sofferto con me tutto il tempo.
È stato difficile, ma il nostro rapporto si è rafforzato. Ora siamo sposati e il 20 Agosto del 2020 è arrivato il nostro bambino arcobaleno, Davide.
Un giorno, quando sarà più grande, gli racconteremo dei suoi due fratellini, Leonardo e Michele.
Due piccoli cuoricini che vivono in noi, nei nostri cuori e nelle nostre menti.
Non verranno mai dimenticati.

A, R, D e L e M

DICIASSETTESIMA LETTERA

BASTA! BASTA! BASTA!

Lo desideravo molto. La mia prima figlia è arrivata nella mia vita in un momento molto difficile, la allattavo mentre vegliavo il capezzale del mio papà.
Desideravo tanto un bambino per quel fortissimo desiderio di vivere una maternità (Maternità) di cui tanto sento parlare: il riposo, le coccole, le passeggiate al parco.
Quella mattina il cielo era tutto colorato di rosa, era dicembre, il test era positivo.
Gli esami perfetti, la felicità taciuta perché aspettiamo di uscire dai 3 mesi di assestamento.
Visite perfette, esami da lode.
Poi, all'alba del terzo mese, la carta igienica sporca di sangue, la corsa in pronto soccorso e la frase: "Qui non c'è proprio nulla che va bene, prenotiamo un raschiamento sarà già morto da almeno 2 settimane"
Ricordo gli occhi sgranati di mio marito, con cui avevo litigato la sera prima per la situazione vacanze con Lucia di 4 anni e il pancione di 9 mesi: "Prenotiamo, quando ti ricapita", "Non me la sento, aspettiamo ancora un po'".
Mi sono sentita trasportare in una dimensione terza, non capivo più cosa stesse succedendo e speravo si fossero sbagliati: "Guardate bene, ho l'utero retroverso forse si è nascosto, il mio bambino".
Sì, perché possono chiamarlo feto o come diavolo gli pare, ma per me era il mio bambino, il fratellino di Lucia, quello tanto desiderato, quello che mi avrebbe fatto sentire la gioia della maternità, magari, in un contesto più felice.
Sono convinta fosse maschio, forse si sarebbe chiamato come il mio papà.
La cosa assurda era che avevo prenotato il test del DNA, ma ha deciso lui per me, è stato così bravo da togliere il disturbo prima che, magari, questa decisione fosse toccata a me.

I due giorni che hanno preceduto l'intervento sono stati alienanti, non riuscivo a toccarmi la pancia. Il mio nido si è trasformato in sepolcro. Avevo il mio bambino morto dentro di me, da almeno due settimane.
II due mesi successivi, inspiegabili. Tante amiche e conoscenti comunicavano con gioia la loro maternità e io che le guardavo con rabbia e anche con compassione (magari non arrivate ai tre mesi non gioite). Grazie al cielo nessuna di loro ha vissuto alcunché di quello che ho loro augurato, nessuno si merita di vivere un dolore così grande e senza fine come quello che ho vissuto io.
Sai a quante donne è successo? Mica sei la sola! Devi superarlo! Fa parte della vita! Ne arriverà subito un altro! Basta. Basta. Basta.
Io ho vissuto il mio lutto, senza spettatori. Non troviamo altri modi per chiamare l'aborto. È un vero e proprio lutto. Non cerchiamo di dare conforto se non sappiamo cosa si prova.
È un dolore senza fine, da quasi due anni piango tutti i giorni il mio bambino.
Una donna si sente mamma da quando la seconda lineetta decide di apparire sul test di gravidanza.
E io, quel test, ancora lo conservo, il mio unico ricordo felice di quel giorno in cui il cielo era colorato di rosa.

I.

DICIOTTESIMA LETTERA

NON VOLEVO LASCIARTI ANDARE

Io e Alfo iniziamo a provarci seriamente nell'estate 2018, ma questo bimbo si è fatto attendere per un anno esatto, fino al 13 Agosto 2019. Appena rientrata dalla Puglia...
Il volo del rientro l'ho sopportato poco, ma forse sono solo stanca, pensavo. La mia amica: "Cavolo, che tette!". Sarà il preciclo, penso io.
Non vedevo il mio compagno da una settimana, lui era dovuto rimanere su a Milano per lavoro. "Sei strana" mi dice.
In effetti un po' strana mi ci sento, ma non ci penso, questo è un mese come tutti gli altri.
14 Agosto 2019
Vado in farmacia, avevo delle cose da prendere, vedo i test di gravidanza, ne prendo uno. Il cuore mi inizia a battere fortissimo, sono sola a casa con Gae, il mio cockerullo biondo, è sera, faccio il test, il tempo di lavare le mani.
+
Mio dio! È positivo. Non sono neanche nei giorni di ritardo e il test mi dice che sono incinta?
Corro a prenderne un altro, uno di quelli digitali, bevo acqua, lo faccio, neanche un minuto: Incinta 2-3.
Amore mio, la nostra storia d'amore inizia così. Il cuore mi esplode di gioia.
Da lì a qualche giorno saremmo andati in montagna, l'idea di partire senza accertarmi che tutto andasse bene mi spaventava, quindi decido di fare il dosaggio delle beta e andare al PS per un controllo. Ho le beta bassissime, dall'eco non si vedeva nulla.
"Forse una biochimica" mi dice il medico. Parto così per la montagna quasi convinta che da un momento all'altro mi arrivasse il ciclo, mangio bene, non bevo, non faccio la SPA. Il 28 agosto ho delle perdite. Di nuovo PS, prendo progesterone.

Il 3 settembre vado in visita dalla mia ginecologa: eccoti! Sento finalmente il tuo cuoricino.
"Luana, stai tranquilla" mi dice la dottoressa, ma io, non so perché, tranquilla non ero. Non riuscivo a star tranquilla, a gioire, a parlarne.
15 ottobre 2019
Faccio il Bi-test al limite delle settimane che si dovrebbe fare. Quel giorno piove, ma io non vedo l'ora di fare questa eco così finalmente posso dirlo a tutti (per scaramanzia in Puglia, ma forse un po' ovunque, non si dice prima della translucenza). All'ecografo c'è una specializzanda, sentiamo il cuoricino, vediamo il suo profilo, mi vien da ridere. Com'è buffo quel piccolo fagiolino. La specializzanda muove la sonda dell'ecografo, un po' qui, un po' lì, va più su, più giù, ingrandisce, stampa, stampa ancora, mmmm... la sua faccia non mi piace.
"Mi attenda". Va via, torna con dei medici. "Spostiamoci, di là l'ecografo è migliore". Andiamo in un'altra stanza, ci sono due dottoresse e due specializzande. Non parlano, muovono quella sonda sempre più lentamente e spessissimo prendono la misura della plica nucale.
7mm. 7!
"Luana devi fare la villo! Sei già oltre con le settimane, la plica è altissima. Potrebbe essere una femmina. E con questa plica molto probabilmente ci sarà un cariotipo con sindrome di Turner. Vai fuori, rilassati e pensaci".
Crollo in un pianto disperato dove tutte le mamme in attesa della loro visita di routine mi guardano stranite. Mi sento morire dentro. Mi convinco, faccio la villo.
Dopo la villo, verificano ci sia ancora il battito. "È forte questo bambino" dicono.
Gli esiti da lì a 15-20 giorni. Intanto passo le giornate a casa da lavoro, leggo mille infiniti siti in cui si parla di queste pliche così alte, di quanta probabilità c'è che sia un cariotipo normale o meno, di quanto errore possa starci. Intanto ti parlo, mangio cioccolato per farti fare le capriole, busso alla pancia e tu mi rispondi. A letto mi

stendo sul fianco destro che tu odi e io sorrido perché diventi dispettosissimo e così sei anche durante tutte le ecografie dove, come se lo sapessi, ti giri e non vuoi saperne.
E intanto piango. Piango per strada, a letto, piango di notte, dormendo, piango in bagno, piango ovunque.
30 ottobre 2019
Squilla il telefono: "Luana, è un maschietto cariotipo normale! È sano!".
Pietro, il mio bambino finalmente con un nome, è sano.
"Però ascolta, meglio fare un'indagine genetica che dici? È solo un prelievo."
Ok, facciamo un'indagine genetica, ma perché poi, se è sano?
6 novembre 2019
Io e il mio compagno facciamo un prelievo, facciamo anche due chiacchiere con il genetista, poi: "Luana, già che sei qui, facciamo un'eco vediamo se la plica si è riassorbita".
Ok, facciamo l'eco. Solita dottoressa, quella della brutta notizia, poi della bella.
"Aspetta che chiamo un collega".
Di nuovo. Muove la sonda dell'ecografo, un po' qui, un po' lì, va più su, più giù, ingrandisce, stampa, stampa ancora. Mmmm... la sua faccia non mi piace.
Ci risiamo!
"Luana, mangia qualcosa di dolce, bevi qualcosa di gassato, fai una passeggiata e poi torna, magari si gira".
Ed eccoti: chiedo di vedere il tuo viso in 3D. Una gioia immensa che dura giusto il tempo di dare conferma a quella maledetta diagnosi, in cui sarei stata disposta a tutto, ma non a ciò che poi sarebbe accaduto.
Luana, il bambino ha una patologia chiamata ernia diaframmatica, è a sinistra, salgono su tutti gli organi, per questo il cuore è a destra e i polmoni sono molto compromessi. Non possiamo più seguirti qui (Niguarda) ma devi andare alla Mangiagalli.

Inizio a leggere tutto ciò che c'era da leggere sull'ernia diaframmatica.
Pietro sarebbe dovuto nascere prima, per affrontare un importante intervento, per affrontare almeno 40 giorni di TIN, per sperare di portarlo a casa sano e salvo.
"Sono pronta a tutto amore mio, ci pensa la mamma a te. Fatti forza che andrà tutto bene!"
E di nuovo piango. Piango per strada, a letto, piango di notte, dormendo, piango in bagno, piango ovunque.
13 novembre 2019
Visita alla Mangiagalli: monitoriamo l'ernia, abbastanza estesa, gli organi ci sono ma tutti nel posto sbagliato, mi chiedono se voglio andare avanti. Sì, certo che voglio andare avanti.
"Luana, facciamo un amnio, continuiamo le indagini genetiche, l'ernia e molto grave, potrebbe esserci una sindrome genetica rara".
Io sprofondo in qualcosa che è ancora più profondo e nero, faccio l'amnio, di nuovo a casa da lavoro, perché dopo una villo, l'amnio è pericolosa.
27 novembre 2019
Eco di routine in attesa dell'esito dell'amnio. Situazione più tragica del prevedibile. Pietro non sta bene, il cuore è compromesso, anche un po' i reni, anche un po' il cervelletto, intanto arriva l'esito dell'amnio, Pietro è geneticamente sano, anche io e anche Alfo.
Ma purtroppo Pietro potrebbe non farcela già in grembo e con tutta probabilità potrebbe non farcela appena nato.
"Luana, hai una probabilità su tre che questo bambino non nasca vivo".
In pochi istanti sono circondata dalla psicologa, dalla genetista, dalla ginecologa e altre persone che ricordo benissimo in viso, ma non ricordo che ruolo avevano.
Mi chiedono che intenzione avessi e io e il mio compagno senza dir nulla annuiamo con la testa.

Mi iniziano a parlare dell'aborto terapeutico, di come avviene, cosa accade, come viene trattato il feto, che potrei occuparmi io del dopo ecc, ecc, ecc.
Quel giorno esco dalla clinica completamente in ginocchio, senza forze, senza consapevolezza, alienata, distaccata dalla realtà, da me stessa. Parlavo a Pietro e lui puntualmente mi rispondeva con mille capriole.
Da lì a qualche giorno mi avrebbero chiamata per indurre il parto.
5 dicembre, ore 20: entro in clinica, ne uscirò letteralmente come un'invertebrata.
Il 7 dicembre inizia il travaglio, dura 28 ore. La dottoressa mi guarda dicendo: "Luana, lo stai trattenendo. Lascialo andare".
Sì, ti trattenevo, non volevo lasciarti andare.
8 dicembre, ore 01.45: ti sento, sei li sulle mie gambe, sei caldo, piccolo e indifeso. Io non voglio vederti. Mi chiedono il tuo nome, a malapena riesco a pronunciarlo. Poi forse chiedono conferma al papà.
La nostra grande storia d'amore, amore mio, finisce così: con una mamma orfana del proprio figlio, con una foto che l'anatomista patologica segretamente mi ha dato, con un tatuaggio con il tuo nome e un grande vuoto. Silenzio, angoscia, cuore stracciato e uno specchio che riflette la mia immagine, ma che non vedo e non riconosco.

L.

DICIANNOVESIMA LETTERA

CIAO LEONARDO

Ho desiderato un altro figlio sin dai primi mesi della nascita di Diego, mi sono sempre piaciute le famiglie numerose, ma un po' per mio marito un po' per la malattia di mio padre abbiamo sempre rimandato. Nel 2018, purtroppo, il mio papà non c'è la fatta e nella mia vita è diventato più grande il bisogno di avere un altro figlio. E poi Diego stava diventando grande. Nel gennaio 2020 finalmente mio marito si convince: il 18 marzo 2020 avevo un ritardo di un giorno e decisi di fare il test senza dire nulla a nessuno, Ero al lavoro, ero sola perché era il periodo del lockdown. Finalmente, quel test era positivo, mi sentivo così emozionata, forse perché veramente l'avevo desiderato tanto. Aspetto il giorno dopo per dirlo a mio marito così che avrebbe festeggiato la festa del papà. Nonostante il brutto periodo che stavamo attraversando, ho visto anche nei suoi occhi molta gioia. Purtroppo, causa Covid, ogni visita che facevo dalla ginecologa ero sempre sola e ogni volta riprendevo la visita con un video. Anche quel 6 giugno purtroppo ho ripreso la scena, la freddezza della mia ginecologa nel dirmi che non c'era più battito e la mia voce incredula che gli dice: davvero? Ancora oggi rivedo quel video e non riesco ancora a crederci come da una semplice visita, senza avere sintomi, sia potuto accadere tutto questo. Sono scesa dalla ginecologa da sola e avevo mille pensieri che mi frullavano per la testa, non sapevo come dare la notizia a tutti. Ho poco chiaro cosa mi sia successo prima di andare a ricovermi, ricordo solo i lunghi abbracci di Roberto, mio marito. Il giorno dopo il ricovero iniziano a stimolarlo per far sì che Leonardo nasca in modo naturale. Fu una lunga giornata. I dolori iniziarono alle 19:30 e Leonardo è nato verso le 20. Mi chiesero se volevo vederlo, come potevo non conoscere il viso di mio figlio. Il giorno dopo sono uscita da quell'ospedale con un vuoto dentro che nessuno può immaginare, solo chi lo vive può aiutarti. Ora che si sta avvicinando la data della sua nascita ho mille pensieri negativi per la testa, ma con l'aiuto di mio figlio e di mio marito sono sicura che presto ci sarà un arcobaleno per noi e da qualche parte il mio piccolo Leonardo si trova con il mio papà.

L.

VENTESIMA LETTERA

IO, POLIABORTIVA

Tutto è iniziato ad Aprile 2019. Ero in viaggio in Brasile e quando sono tornata, con mia grande sorpresa ho scoperto di aspettare un bambino. Non credevo di metterci così poco a rimanere incinta e non avevo badato a tutti quei segnali che oggi riterrei più che evidenti. Dopo il test camminavo a 10 metri da terra, non ci credevo, non mi sembrava possibile. Io incinta. Quel sogno che ho sempre sperato di vivere si era realizzato così, con mia grande sorpresa, senza dover lottare troppo (in genere nella mia vita ho sempre dovuto lottare per ottenere qualcosa!) e così, incredula, ho passato i giorni più felici della mia vita. Giorni in cui mi sentivo come avevo sempre desiderato di essere: finalmente sarò una mamma e avrò un bambino. Quel sogno che quasi tutte noi donne vogliamo realizzare e quella sensazione che quasi tutte noi donne vogliamo e dobbiamo vivere io la stavo vivendo. Finalmente, che felicità. Ho iniziato subito a pensare come potesse essere: maschio o femmina o chissà forse gemelli; a come sarebbe cambiata la nostra vita, ad un cuginetto per mia nipote, a un'amichetta o amichetto per i bimbi delle mie amiche, così che potessero crescere insieme, come abbiamo fatto noi. Immaginavo il momento in cui lo avrei detto e a tutti i bei momenti che avremmo passato insieme nel condividere la mia gioia più grande. Ma la mia gioia più grande è durata poco. Quel sogno non c'era più. Dopo qualche giorno, il mio bambino non c'era più.
Mi è crollato il mondo addosso. Un senso di vuoto. Tutto quello che avevo vissuto, tutto quello che avevo immaginato, era finito. Mi sembrava di essermi svegliata da un lungo sonno dove avevo fatto un sogno così reale. Tutti quei sintomi, la nausea la mattina, quel sonno che ti fa crollare, gli odori forti, la stanchezza perenne, la fame incontrollata. Spariti, non c'erano più. La mia gravidanza

era già finita. E da lì ti domandi perché, ma non hai risposte. Ti senti vuota, traumatizzata e a volte inadeguata. Per giorni non sono stata in me, ero completamente assente. Mi domandavo il perché, ma una risposta non c'era. Era successo anche a me, dovevo accettarlo e basta. Ma non lo accetterò mai. Lo affronterò, ma non lo accetterò. Il mio bambino per me ci sarà sempre. Quello che mi uccide è il non sapere mai come sarebbe stato.
La mia ginecologa, ormai ex ginecologa, con molta naturalezza mi disse di riprovare dopo un paio di mesi e che non ero "l'unica che si era fatta un aborto!". Ad Agosto 2019 riprovai. Tornai dalla California con un test positivo, ma anche lì, stessa storia.
Cambiai ginecologo. Andai da un medico bravissimo, molto dolce, umano, che mi diede una cura e mi disse dj riprovare. Mi fermai però, dovevo aspettare, mi dovevo riprendere. E così decidemmo di sposarci, tutto organizzato. Nozze da favola in Toscana! Ma arriva il Covid, e tutto si ferma.
Allora ad aprile 2020 riproviamo. Con la nuova terapia. Niente, scopro di essere una poliabortiva. Così si ricomincia con le analisi e cambio ginecologa, questa volta un'esperta in poliabortività. Mi trova delle cause (forse) e mi dà una cura.
Ora sto scrivendo dopo mesi di cura, di dieta e non so se sono incinta o no. Ci stiamo riprovando, io non mollo, punto dritta al mio obiettivo e devo raggiungerlo.
Nonostante il dolore che convive con me ogni minuto dei miei giorni (impossibile non pensarci), sto cercando di reagire e di farmi forza in ogni modo. Penso che se sorrido potrò arrivare con più serenità al mio obiettivo e ce la sto mettendo tutta. I sacrifici non sono pochi, ma sono molto determinata. La paura e l'incertezza, però, dopo tutte queste volte credo siano difficili da sconfiggere, prendono il sopravvento e cambiano il mio umore.
Ho paura, sì. Ho paura di riprovare quel senso di vuoto e di inadeguatezza (credo siano tra i sentimenti più comuni).

Non è facile da spiegare se non si prova, perché solo chi ci passa sa che significa. Io stessa prima di allora cercavo di capire e credevo di capire, ma mai avrei immaginato cosa significasse davvero. Sicuramente un senso di perdita, dolore, rabbia, impotenza e un qualcosa che secondo me non passerà mai, perché anche se un domani le cose andranno bene, non smetterò mai di chiedermi come sarebbero stati.

Sono cambiata tanto in questo anno e mezzo, mi ha cambiata tanto. Spero di vedere la luce che tanto desidero più di ogni cosa.

Anche con tutti i miei amici sono cambiata, mi sono chiusa, ho spesso il terrore che qualche amica debba dare la lieta novella. Non c'è l'ho con loro, sono strafelice per loro, ma inconsciamente mi allontano. Credo sia una reazione normale.

Ho sopportato frasi come: meglio ora che dopo, dai che sei giovane, ora ci riproverete, vedrai che la prossima andrà bene. La prossima? Per me ognuno di loro è e sarà sempre il mio bambino. Quel bambino che non saprò mai come sarebbe stato, se era maschio, se era femmina, la mia gioia più grande, il desiderio più grande che avevo sempre, che mi ha fatta sentire pienamente donna per settimane. Perché il mio bambino c'era, era dentro di me e me lo diceva con nausea, sonno, stanchezza e fame. Fino a quando un giorno non li ho sentiti più. Ho ancora il test positivo nel cassetto, non riesco a buttarlo. È l'unica cosa che ho di lui.

Siamo donne e essere donne significa a volte dover provare questo dolore. Un dolore che dobbiamo vivere e affrontare, che resterà sempre con noi e condividerlo può solamente aiutarci e darci forza!

F.

VENTUNESIMA LETTERA

CIAO CLAUDIO

Questa è la storia di un angioletto di nome Claudio. Claudio, come il nome di sua nonna, Claudio come il nome di uno zio speciale. È la storia di una felice famiglia allargata, che aveva appreso il suo arrivo immaginando che con grandi sacrifici e tanto lavoro tutto sarebbe andato nel verso giusto. E infatti, le iniziali oggettive preoccupazioni con il passare dei giorni lasciarono il posto a quell'amore indescrivibile e impalpabile che si stava facendo strada dentro il grembo di sua madre.
I mesi trascorsero veloci, arrivarono gli esami importanti, l'amniocentesi andò bene, mamma e papà scoprirono di aspettare un maschietto e fu una gioia incredibile, perché in famiglia c'erano già due principesse ad attenderlo. Da questo punto in poi, un grande buco nero, un abisso senza fine. Arrivò il giorno della morfologica e qualcosa andò storto: Claudio non cresceva come avrebbe dovuto e alla domanda su cosa avrebbero potuto fare la risposta fu che non c'era nulla da fare, che era una situazione grigia, ancora non del tutto compromessa ma comunque molto seria.
E poi ci sono io, la mamma di Claudio, il narratore di questa triste storia. Da quel momento ricordo solo lacrime e disperazione, ricordo i ricoveri, la pressione alta, l'essere letteralmente scappata dall'ospedale all'una di notte perché no, mio figlio non sarebbe nato a tutti i costi. Ricordo i colloqui con chi cercava di aiutarmi, ma ricordo anche l'indifferenza di altri, che parlavano di vacanze tra di loro mentre mi confermavano che sì, il bambino è veramente molto piccolo. Ricordo il pensiero di farlo nascere con gravissime patologie, di non farlo nascere allora, per poi disperarmi per averlo anche solo pensato; ricordo il viaggio in aereo per un consulto all'estero, i giorni più brutti di tutta la mia vita. La sera che decisi di

firmare e tornarmene a casa dall'ospedale è perché solo a casa mi sentivo al sicuro e perché ho lasciato fare al destino e una mamma tutto questo lo sa. Sono stati i giorni più sereni di tutta la gravidanza, siamo stati soli in casa io e mio marito, ci siamo coccolati, la primavera stava sbocciando in tutto il suo splendore, io ascoltavo il battito e ogni volta era un sospiro di sollievo. Fino al giorno in cui il mio angioletto non ce l'ha fatta e il suo cuoricino ha smesso di battere forte. Erano due giorni che non batteva e mio marito lo aveva capito perfettamente, ma mi ha dato il tempo per realizzarlo, per farmi rendere conto di quello che era accaduto. La sera che siamo andati in ospedale ho pianto tutta la rabbia, la paura, il senso di impotenza che avevo accumulato in quei mesi.

Claudio se ne è andato all'inizio dell'ottavo mese di gravidanza, l'ho partorito ed è stato come donargli la libertà. Il senso di colpa per quella placenta che non ha fatto il suo dovere, per il mio corpo che non è stato in grado di prendersene cura abbastanza, me lo sono portato dietro per molto tempo.

Purtroppo, c'è anche un altro angioletto accanto al mio Claudio, arrivato dopo un tumore al seno, dopo una mutazione genetica e una mastectomia bilaterale. Un'altra promessa di felicità durata poche settimane. La mutazione genetica e l'intervento preventivo alle ovaie si sono definitivamente portati via la speranza di diventare madre, anche se madre lo sono tutti i giorni, io ragiono da madre, mi comporto da madre con le due principesse che ormai da 11 anni fanno parte della mia vita e che sono le figlie di mio marito. Mi sento madre tutte le volte che trovo un cuore e penso ai miei angioletti.

Claudio 5 maggio 2014
Francesco/a 12 maggio 2017

C.

VENTIDUESIMA LETTERA

L'EMOZIONE DI ESSERE MAMMA

La mia storia non è recente, ma ogni giorno il mio primo pensiero va a quei cuccioli che non ho mai stretto tra le braccia e che restano nel cuore e nella mente per sempre.
È bello raggiungere consapevolezze ed arrivare al punto di non piangere pensandoci, ma a sorridere perché ora, di quei momenti, si metabolizza con fatica il dolore e rimane viva l'emozione dell'essere Mamma, già dal test positivo. Anzi, forse già dal momento in cui si insinua il dubbio di essere finalmente incinta.
Sì, finalmente. Perché i miei nani ci hanno messo due anni per trovare la strada di casa. Due anni che duravano da secoli, due anni che sono terminanti, paradossalmente, quando la ricerca costante di una gravidanza era diventata un sarà quel che sarà.
Entrambi persi al terzo mese, di entrambi non sono mai riuscita a sentire il battito. Persi a distanza di pochi mesi uno dall'altro: il primo l'ho affrontato con dolore, ma fatto il raschiamento mi sono subito messa in carreggiata perché la mia battaglia non poteva finire lì. Stavo male, ma la voglia di andare avanti era più forte di tutto. Il secondo è stato la fine della vita per i successivi cinque anni. Perché il mio compagno non c'era per me, io non trovavo appoggio in lui e io non ne chiedo perché veniva naturale pensare che se stai male tu, sta male anche lui che è il padre di quei bimbi. Quindi mi sono messa una corazza, un finto sorriso, cercavo di andare avanti nella menzogna, ma il cuore in realtà non batteva più da quando la ginecologa mi aveva detto che anche questa volta non era andata.
Perdo anche il lavoro con la scusa di crisi (in realtà, saputo che ero rimasta incinta, hanno voluto eliminare il problema alla radice), e mi ritrovo ad avere troppo tempo per lasciarmi sprofondare nelle sabbie mobili di una

depressione che sentivo arrivare ma che continuavo a negare a me stessa.
Passo le giornate in pigiama, a letto, e piango di nascosto quando lui non c'è, o in doccia quando è nell'altra stanza. Dopo qualche giorno dal secondo raschiamento, chiamano dall'ospedale e mi parlano di mola vescicolare parziale. Mi spiegano che devo fare controlli ed esami per i sei mesi successivi perché potrebbe diventare un tumore maligno. E, a me, non me ne frega niente!
Quello che era il dono della vita diventa improvvisamente il male del mondo, era assurdo. Le parole si storpiano della mia testa e non rispondo. Ricordo la dottoressa dall'altra parte del telefono dirmi più volte: "Jenni, hai capito cosa sto dicendo? Devi ascoltarmi adesso, sono seria!"
Affronto sei mesi da larva, faccio ogni quindici giorni i miei esami e segno sul calendario le x dei giorni che passano, perché quando mi daranno l'ok definitivo, io potrò finalmente ricominciare a cercare una nuova gravidanza.
Gli esiti vanno bene, io nel mentre mi carico pensando che i sei mesi stiano terminando, ma con il mio compagno realizzo che qualcosa non va. E infatti mi dice che lui figli non ne vuole, lo stava facendo solo per me, e visto come erano andate le cose era meglio farne a meno, che tanto a lui non sarebbe cambiato nulla. Faccio venti giorni cercando di giustificarlo, convinta che avesse parlato così solo spinto dalla paura (non è mai stato un uomo particolarmente coraggioso e quindi ci sta, dico io).
Una sera mi vede piangere mentre stendo il bucato e l'unica cosa che fa è appoggiare una mano sulla mia spalla mentre con l'altra raccoglie da terra il borsone della palestra e se ne va: non resta con me, non mi abbraccia, non mi guarda. Se ne va ad allenarsi.
Io preparo in mezzo secondo una valigia, spinta dalla voglia di andarmene da una situazione che non so più gestire; ma per rispetto per l'uomo che amavo e per nove anni di storia, voglio parlarne con lui con calma il giorno

successivo. Volevo staccare qualche giorno, riordinare le idee, tornare dai miei solo per prendere respiro e ricominciare.
Il giorno dopo però è tornato prima dal lavoro e trovandomi ancora a letto è esploso in urla e da lì una litigata. Al suo "vaffanculo a te a tuo figlio", ho preso la valigia fatta in fretta la sera prima e me ne sono andata senza più tornare.
Avevo 28 anni e solo oggi che ne ho quasi 35 sono tornata a credere nel progetto di una famiglia con l'uomo che ora sta al mio fianco, che mi supporta, mi abbraccia, mi tiene al sicuro, ed è l'unico, dopo questo, che ha saputo farmi ritrovare la fiducia in primis nell'amore, e poi nella capacità di riaprire il cassetto dei sogni.
Con il mio ex, che è diventato padre un anno dopo con una conosciuta in palestra, da cui si è lasciato praticamente subito, alla fine ho mantenuto un rapporto cordiale, perché per me resta il padre dei miei figli, ma questo lui credo che non lo capirà mai.
Ma si impara ad aprire gli occhi e a vedere tutte le sfaccettature che non vedi quando le vivi e ci stai dentro. Nove anni costruiti sui miei sforzi, non sui nostri. Forse non era destino che i miei figli diventassero figli in una coppia che andava solo da un verso.
Io a lui vorrò sempre bene nonostante tutto, ma ora posso dire che non provavo quello che vivo ora.
Amo con il cuore e con la mente a 360 gradi e non mi sono mai sentita così realmente.
Quando gli ho chiesto: "Facciamo un bambino?" mi si è bloccato il respiro, è uscito spontaneo e diretto, dopo anni in cui quell'idea di maternità era apparentemente svanito.
Arriverà questo bimbo? Andrà tutto bene? Ho pure 35 anni ora, la vedo anch'io la salita, ma la sto affrontando mano nella mano con l'uomo che mi ha insegnato cosa sia veramente l'amore.
È difficile uscirne in coppia, ancora più difficile uscirne da sole. Perché la famiglia ti sta accanto e ti sostiene, ma

per loro fortuna non hanno mai provato un lutto così, e non possono dire nulla che possa farti stare bene. Anzi, spesso l'unica cosa giusta che possano fare è evitare la banalità di frasi stupide che ad una Madre mancata fanno solo accumulare rabbia.

Io non ho un posto dove andare a portare un fiore ai miei nani, non c'è una prova del lutto che porto dentro da sette anni, ma la cicatrice resta. Li ho sulla pelle: ho fatto un unico tatuaggio in vita ed è dedicato a loro, come a dire al mondo che loro ci sono, ci sono sempre stati!

J.

VENTITREESIMA LETTERA

CIAO LEO

13 Marzo 2020. 25 settimane
È tutto surreale... lo è ancora di più quando ti trovi a dover partorire un figlio mai nato al tempo del Coronavirus.
C'è silenzio, solo silenzio. L'unica frase che rimbomba nella tua testa è: "Signora, il cuore del bimbo lo vedo bene, ma non batte più". Ancora silenzio, solo un medico, un'ostetrica. Il tuo compagno adesso non può entrare
Hanno la mascherina, si tengono a distanza di un metro e te hai maledettamente bisogno di un abbraccio.
Silenzio.
Nella stanza accanto senti il suono ritmico del cuore di una futura mamma che sta facendo il tracciato, una dolce canzone. Ogni tanto qualche neonato piange, sorridi leggermente, hai la fortuna di aver già vissuto queste emozioni con Elia.
Solitudine.
Non entrano parenti, amici, non si può. Non chiami Elia perché scoppieresti a piangere, ma il tuo pensiero è sempre lì. Allora chiami la tua mamma, che lavora in ospedale e non può permettersi le ferie in questo momento, spesso neanche può risponderti al telefono. Sta aspettando la risposta al tampone che le hanno dovuto fare per un paziente positivo. Non è reale.
Dolore.
Ho già partorito, il ricordo è ancora fresco, ma no, non sono le stesse contrazioni, non ho la stessa forza, non sento di spingere, anzi, vorrei quasi tenerlo dentro. Lui non collabora, non si incanala, non può. La testa non regge: "Fatemi il cesareo, datemi una botta in testa".
Ci dicono che una psicologa ci può supportare, accettiamo, ma in questo periodo riceve solo via Skype. No, grazie.
Non c'è un fioraio per una rosa bianca, non c'è un parroco per un funerale. Rimandiamo il dolore.

Silenzio assordante, dentro e fuori di te.
Forse sto sognando, datemi un pizzicotto.
Avrei voluto conoscerti.
Addio Leo.

S.

VENTIQUATTRESIMA LETTERA

CIAO MICHELE

È ancora difficile per me raccontare la mia esperienza di aborto, anche se sono passati sette anni, ogni volta che mi ritrovo a raccontare o a ripensare a quel maledetto giorno la voce si rompe.
Sono una mamma di tre bambini: Elena di 10 anni, Chiara di 6 anni e Vittorio di 2 anni.
Per me sono doni scesi dal cielo, perché a 28 anni ho scoperto di soffrire di endometriosi e per molte donne vuol dire non poter avere figli.
Elena è arrivata dopo un'operazione e sei mesi di menopausa farmacologica. Quando vidi la dicitura "2-3 settimane" sul test di gravidanza, pensai "ce l'abbiamo fatta".
Dopo l'anno di Elena, abbiamo deciso di dare una compagnia alla mia dolce bambina e dopo tre anni ce l'abbiamo fatta un'altra volta.
Mi ricordo che per comunicarlo a mio marito, che stava tornando dall'estero, lasciai una candela accesa con un bigliettino con su scritto "Sta arrivando Chiara". Ero convinta fosse femmina.
Invece, era un bel maschietto e, a quanto pare, doveva assomigliarmi, visto che il mio ginecologo mi disse cha aveva delle belle gambe lunghe.
Già lo immaginavo, già fantasticavo su di lui, avevo sentito il suo battito, lo avevo visto muoversi, erano passati i tre mesi...era fatta!
Un giorno al lavoro ho sentito che qualcosa non andava: sono tornata a casa, avevo dolori al basso ventre, mi sono fatta visitare più volte in ospedale. La mattina seguente ho iniziato ad avere dei crampi fortissimi e dolorosi, fino alla fine mi dicevo "è appendicite". Non potevo perderlo!
Sono andata in ospedale ed è successo quello che non avrei immaginato: ho partorito.

Il mio piccolo cucciolo sarebbe dovuto nascere il 10 ottobre del 2013, ma il 19 aprile dello stesso anno ha deciso di lasciarci.

È stata un'esperienza terribile, ricordo la notte dopo la perdita come la notte più lunga della mia vita, non potevo credere che il mio piccolo non era più dentro di me, mi sono incolpata di quello che era successo, ho chiesto un calmante ad un'infermiera per dormire. Per non pensare.

Mio marito era sconvolto, ha pianto con me, mi ha protetta, le persone più care hanno capito, ma solo chi ci passa può comprendere il male che si prova quando chi ti vuole consolare ti dice: "Hai già una bambina" o "Era di poche settimane".

Purtroppo, l'insensibilità maggiore l'ho riscontrata in ospedale: a parte un'ostetrica dolcissima, il personale ospedaliero non considera la tua sofferenza, credo che sia necessario un supporto psicologico per tutte le donne che subiscono questo lutto.

Il ginecologo di turno (ho rischiato tantissimo) mi ha comunicato che stavo perdendo il bambino con la frase "Signora ci siamo" e delle ostetriche davanti a me discutevano su dove mettere il piccolo se dentro un vasetto usato per raccogliere la pipì o un vasetto più grande. Sensibilità zero.

Il dolore più forte è arrivato nei mesi successivi, vedere le altre pance piene mi metteva tristezza e mi sentivo in colpa a provare invidia (se così vogliamo chiamarla).

Dopo sei mesi, sono rimasta incinta della mia seconda bambina, che abbiamo chiamato Chiara, e dopo quattro anni è nato Vittorio.

Sono tantissimi i momenti in cui penso a Michele, così l'ho voluto chiamare, come l'arcangelo Michele, perché lui è stato un guerriero che ha lottato fino all'ultimo. Nessuno sa che gli ho dato un nome, quasi me ne vergogno, ma per me Michele c'è stato e io sono stata la sua mamma.

A distanza di tempo mi sarebbe piaciuto seppellirlo, dargli dignità, ma non so se si sarebbe potuto fare, credo che bisognerebbe dare maggior informazione ai genitori.

A.

VENTICINQUESIMA LETTERA

LA VIGILIA DI NATALE

Ho perso il mio bambino all'ottava settimana di gestazione.
Era l'inizio di dicembre 2019, esattamente il 3 dicembre 2019, il giorno dell'anniversario di matrimonio dei miei genitori, che festeggiavano i loro 42 anni assieme, quando ho fatto il test di gravidanza da sola nello studio dove lavoro.
Ricordo che quella mattina al telefono con mia sorella le dissi, mi sento così strana, il ciclo è in ritardo da un po' di giorni e lei che ha avuto un meraviglioso bimbo due anni prima mi disse: fermati in farmacia compra il test. Così ho fatto.
Salita in studio ero sola, ne ho approfittato, ho fatto il test poi mi sono seduta e ho poggiato il test sulla scrivania. Mentre lampeggiava e tra me e me dicevo "non è possibile", sono grande ormai, mi sono sposata a 39 anni si con mio marito, Alessandro, cercavamo di avere un figlio da un anno, ma non pensavo che potevo riuscirci, dopo poco tempo, ero certa che si trattava di un normale ritardo.
Trascorsi i cinque minuti previsti ho abbassato lo sguardo e ho letto: incinta 1-2 settimane. Allora è vero, mi sono detta. È successo anche a me! Ho telefonato a mia sorella poi a mio marito, inviandogli prima la foto del test di gravidanza positivo, e poi ai miei genitori.
Sono stati quasi due mesi strani, pieni di paure, poiché io soffro di ansia e attacchi di panico dall'età di 22 anni e un po' per i farmaci, un po' per il lavoro, un po' perché non era mai, ed evidentemente non lo era, il momento giusto, non ho mai pensato e avuto figli prima di allora.
Ero spaventata sì, dal non poter più prendere farmaci, di non essere all'altezza della situazione, ecc. Con Alessandro, mio marito, siamo andati assieme dallo

psichiatra per modificare la cura e poi tutti gli incontri con la ginecologa. Ognuno che mi vedeva e sapeva della prima gravidanza naturale a 43 anni rimaneva sorpreso. Mio marito mi diceva di restare con i piedi per terra e non volare e fantasticare, ma io dal momento in cui avevo visto l'immagine sul monitor e poi il sacco vitellino e poi la camera gestazionale con dentro l'embrione, il mio pensiero correva già ad agosto 2020, data prevista per il parto.
Ma qualcosa ha cambiato il percorso.
Era il 24 dicembre 2020, il giorno dopo Natale la dottoressa mi aveva dato appuntamento in clinica per sentire il battito del bimbo/a e con mio marito non stavamo nella pelle.
La mattina della vigilia avevo finito di incartare i regali di Natale per i nostri cari, con mio marito sono andata da mia suocera a pranzo, a Napoli usiamo mangiare la pizza di scarole, alla vigilia di Natale per pranzo e la sera c'è il cosiddetto cenone della Vigilia a base di pesce.
Dopo aver mangiato un trancio di pizza ho detto a mio marito: "Vado al bagno un attimo a fare la pipì e dopo vado a farmi la piega dal parrucchiere e andiamo dalla mia famiglia". Entro in bagno e vedo del sangue, neanche mi rendo conto della situazione che inizio a sentire scenderne altro e altro ancora. Chiamo disperata mio marito, avevo una forte emorragia in corso, chiamo la dottoressa che mi dice di recarmi in clinica, ero già convinta, mentre raggiungeva la struttura, che lo avevo perso/a.
Arrivo lì, il medico di turno mi fa l'ecografia, intanto l'emorragia continua e la diagnosi è forse distacco. Ma lui/lei c'era ancora, il suo cuoricino batteva ancora.
Mi ricoverano il 24 dicembre, mi sottopongono a tutta la profilassi possibile per evitare il distacco e farlo riassorbire. Mio marito resta con me giorno e notte, ci svegliamo assieme la mattina di Natale guardando l'alba di una Napoli che si preparava a vivere quel giorno di festa. Parliamo a lui/lei, che siamo lì, che ce la possiamo

fare, mi tengono sotto cura di progesterone e antispastico per i dolori, l'emorragia un po' di assesta e vado avanti immobile, riposo totale, senza alzarmi neppure per andare al bagno, ma non mi importava, ad ogni ecografia lui/lei era li.

La mattina del 28 dicembre mi fanno l'ennesima ecografia di controllo e questa volta il dottore è silenzioso, riprova, riprova, cerca, intanto inizio a vedere che il suo viso si contrae, diventa sempre più serio e con gli occhi cerca sul monitor mentre sento spingere sul mio ventre, poi nel mio ventre la telecamera dell'ecografia. Nulla. "Non c'è battito", mi dice.

Le lacrime calde iniziano a cadere sul mio viso in silenzio mentre sento la mano di mio marito accanto a me stringere la mia.

Mi devono ripetere le analisi delle beta perché devono essere sicuri che sia così.

Aspetto un altro giorno continuando a sottopormi alla cura.

Il giorno dopo ripeto l'ecografia, la camera gestazionale era completamente distaccata, nessun battito e l'esito delle beta in discesa. Aborto ritenuto, così lo chiamano. Devono sottopormi al raschiamento. Era il 30 dicembre. Avrebbero dovuto farmelo quel giorno, ma essendo un soggetto allergico mi mettono in uscita e me lo fissano per il 2 gennaio, con la profilassi anallergica da fare prima dell'intervento.

Non lo so quanto ho pianto in silenzio mentre preparavo tutto per uscire dalla clinica, sono andata a casa dei miei genitori, avevo lasciato casa mia cosi immobile al 24 dicembre, con l'albero addobbato, tutti i regali sotto. Tutta la casa addobbata al Natale, questo Natale che doveva essere speciale.

La notte tra il 31 dicembre e il 1 gennaio inizio nuovamente a perdere sangue, prima poco, poi di più, fino a che con mia sorella e mio marito mi reco al Pronto Soccorso, mi rifanno l'ecografia e non c'era traccia della

camera gestazionale. Mi danno un antidolorifico e l'oxitocina per aumentare le contrazioni e fare in modo di espellerlo naturalmente, i dolori aumentano e le perdite anche. Dopo un tot di ore mi ripetono l'ecografia: man mano stavo eliminando tutto spontaneamente.
Il mio bambino/a se n'è andato definitivamente dal mio corpo la notte di Capodanno.
Dopo il rientro a casa, resto una settimana in convalescenza e poi piano piano cerco di tornare alla mia vita normale. Verso la fine di gennaio rientro anche al lavoro, ma da allora nulla è stato più come prima.
Vincenzo Maria o Chiara Sofia se n'era andato e da allora non faccio altro che pensare che è stata colpa mia, che forse non sono stata troppo attenta, non ho osservato il riposo che avrei dovuto, anche se la dottoressa non mi ha mai proibito di lavorare, mi aveva avvisata solo di non portare pesi e stancarmi troppo e cercavo di osservare quanto indicatomi. Eppure, ogni giorno mesi mi sono ripetuta che era colpa mia, all'inizio non ho fatto altro che piangere, non volevo sentire nessuno, ho staccato il cellulare, i contatti con tutti, l'unica cosa che riuscivo a fare era leggere accanto a mio marito qualche libro che ancora per lavoro, per mancanza di tempo non ero riuscita a finire.
Quando sono rientrata a casa mia è stato difficile riprendere la vita. Tutto era fermo al 24 dicembre 2019.
Sono stati mesi difficili. Ad ogni pancia, ad ogni bimbo/a, ad ogni gravidanza che andava a buon fine non ho facevo altro che pensare: perché a me no, era la mia possibilità, come se per me fosse, e lo penso ancora, l'unica che avevo. Ho fallito, mi ripetevo e mi ripeto. Provavo a parlarne con qualcuno, ma al terzo "fatti forza" ho smesso e ho continuato e continuo a tenermi il dolore dentro.
Tra meno di due mesi sarà un anno che lui/lei è volato via. L'idea di addobbare casa, pensare al Natale mi mette tristezza, mi fa quasi paura.

Da un paio di mesi con mio marito, Alessandro, ci stiamo riprovando, ma una parte di me è terrorizzata di rivivere o avere un'altra esperienza simile. Non ce la farei. Un'altra parte di me pensa che sono grande, ormai ho 44 anni tra un mese e cosa mi aspetto, il treno è passato, forse non è il mio destino avere figli. Sono cosciente che tanta gente lo perde più avanti e con casi peggiore dei miei, ma il mio dolore è ancora lì, come se qualcosa si fosse bloccato, e la mia paura mi accompagna, temo di non poter realizzare questo sogno e di non riuscire assieme ad Alessandro a mettere al mondo un figlio nostro.

Lui mi dice che noi due siamo una famiglia, che siamo completi così. Un figlio ci arricchirebbe soltanto, ma non cambia ciò che noi siamo. Una parte di me gli crede, un'altra continua a pensare al pezzo mancante che è andato via e non ha reso noi una vera famiglia.

Sono in terapia attualmente e lo psicologo dice che il lutto va elaborato e superato. Spero di riuscirci, ma soprattutto spero di poter trovare la strada della serenità accettando le cose come sono e come verranno.

F.

VENTISEIESIMA LETTERA

UNA DONNA CON LA D MAIUSCOLA

Non potrò mai dimenticare quel 7 aprile 2020. Il giorno in cui ti nasce e ti muore un figlio è la cosa più traumatica che possa esistere su questo mondo. Come può la natura fare questo corso? Mia figlia, bella e sana, quel giorno se ne andò e portò con sé la mia felicità e quella di suo padre, il mio compagno, Lorenzo.
Quel giorno sapevo in cuor mio che qualcosa sarebbe andato storto. Entro nella stanza per fare il monitoraggio (37+6), felice di sentire il suo battito, e invece, il vuoto. Ho partorito il giorno stesso in cui ho scoperto che la mia piccola non sarebbe mai venuta al mondo e non l'avrei mai tenuta tra le braccia. È stato un parto veloce, un parto in cui non mi rendevo bene conto di quello che stesse succedendo intorno a me, e non mi rendevo conto che stavo per partorire una figlia che non avrebbe mai pianto in vita sua. In quel momento volevo solo che tutto finisse e che lei nascesse. Il girono seguente sono tornata a casa e, anche lì, il vuoto. Uscire di casa in tre e tornare in due ha un effetto devastante, sia per la mamma che per il papà, ma soprattutto per la coppia. In tutto ciò, ad oggi, mi sento di essere una donna con la D maiuscola. Mi sento molto matura, non ho più paura di niente, perché tutto quello che potevo perdere l'ho già perso. Ad oggi penso anche che dio ci ha dato il dono della maternità perché nella vita, noi donne, abbiamo sempre più forza rispetto all'uomo. Noi sopportiamo di più il dolore perché solo noi sappiamo cosa abbiamo passato veramente. Un pensiero va sempre a lei, mia figlia, spero di ricontrarti un giorno, in un'altra vita. Proteggi tua sorella. Sei il nostro angelo, per sempre tu, per sempre noi!

C.

VENTISETTESIMA LETTERA

CIAO CHRISTOPHER

È il giugno 2015 quando scopro di aspettare il mio terzo figlio. Sulle prime sono tutto tranne che contenta. Economicamente eravamo a terra, avevo già due figli e i 40 anni mi salutavano da non molto distante. Per i primi mesi il pensiero di quanto potesse togliermi era più grande della gioia che mi potesse dare. Poi sono arrivati i primi calcetti, le capriole, le ecografie.
Piano piano piano Christopher si è fatto largo dentro la famiglia, oltre che nella mia pancia. Tutto procedeva bene. Controlli, esami di routine. Fino al 12 dicembre del 2015. La mattina le analisi, il pomeriggio a casa un po' fiacca. È normale, manca poco ormai. Poi mia suocera (a casa con noi per qualche giorno) mi poggia una mano sulla pancia. Una scossa elettrica mi percorre la schiena. "Diamine quanto tempo che non lo sento muovere!" Lo dico a voce bassa, mio marito mi guarda preoccupato, sorrido, cerco di tranquillizzarlo, ma dentro qualcosa non va.
"Dai, sii positiva, ci sei quasi. Su, non fare la catastrofica" mi dico. Mangio qualcosa di dolce per farlo muovere, nulla. Vado a letto. Mi giro, mi rigiro, ma lui niente. Provo a dormire, convinta sia solo ansia. A mezzanotte mi sveglio, provo a capire se lo sento. Ma la pancia è dura, strana.
La corsa in ospedale, la notizia. Christopher non c'è più. Gli ormoni sulle prime mi tengono su il morale. Sono fredda, lucida. Non ne voglio sapere nulla. Addirittura mi arrabbio quando vengo a sapere che dovremo fargli il funerale. Le mie amiche mi assecondano, ma mi guardano interdette. Cercano di scherzare, di non farmi pensare.
Si torna a casa. La carrozzina è lì che aspetta qualcuno che non arriverà mai, mentre io inizio a sentire il mondo che mi crolla dentro.

Piano piano prendo coscienza di ciò che è successo. E io sono stata felice di averlo potuto vedere, toccare. Anche se le sue manine erano fredde come il ghiaccio. Ma quella mezz'ora trascorsa con lui è la più preziosa. Negli occhi conservo il suo ricordo addolcito dal tempo. E quelle manine mi hanno consolato per mesi, quando pensavo che non ce la potevo fare.
Da quel momento inizia un percorso scuro, buio. Le persone continuano a ripetermi: "Dai, pensa agli altri due", "Ci vuole pazienza". Io non riuscivo più a sentire quelle parole vuote, reiterate fino alla morte. A mio marito dicevo: "Il prossimo che me lo dice, giuro, mi metto ad urlare!"
Io volevo solo poter tenere quel corpicino tra le braccia. Avrei scavato la terra con le mani nude per potermelo riprendere. Sentivo la mia sanità mentale svanire ogni giorno di più e il mio cuore frantumarsi ad ogni battito.
Ho iniziato un percorso di sostegno che mi ha aiutato ad accettare l'idea di non averne altri. Ma è stato lungo e terribilmente doloroso. È stato come camminare sui vetri rotti. Dolore ad ogni passo. Dolore che a momenti sembrava insopportabile. E gli sguardi attoniti delle persone che non capivano come si potesse sentire la mancanza di qualcuno che, di fatto, non c'era mai stato.
Ma lui c'era stato. Per me e in me per otto lunghissimi mesi. Io l'ho conosciuto, come solo una madre può. L'avevo immaginato e avevo immaginato la nostra vita con lui.
Ricordo la prima volta che feci la doccia dopo il parto. Ci sono ancora dei movimenti nell'utero per giorni dopo il parto, spesso settimane. E io ricordo che a quei movimenti d'istinto ho accarezzato la mia pancia. Poi ho pianto. Lui non era più in me. Lui non c'era più. Non ci sarebbe più stato.

F.

VENTOTTESIMA LETTERA

NON MI ARRENDO

Tutto inizia nel lontano 2002 quando io convolo a nozze insieme al mio attuale marito. Qualche anno dopo scopro di essere incinta e, poiché lo avevo tanto desiderato, sono al settimo cielo. Fisso la mia prima visita. La mia emozione era alle stelle, ma in un attimo mi cade il mondo addosso. Mi ricordo che il dottore mi parlò di una situazione volgarmente chiamata "uovo bianco" e che, dopo qualche settimana sarei andata incontro ad un aborto spontaneo. Dovevo soltanto aspettare. Non potevo fare nulla se non aspettare che questa "luce" si spegnesse da sola. È così che andò. Per qualche mese ci pensai, ma devo essere sincera, avevo qualche piccola cicatrice sulla pelle, ma niente di così tenace. Dopo qualche anno, provai nuovamente a realizzare il mio sogno ed ecco che dopo qualche mese mi riscopro incinta. Adesso si (ri)cominciava da capo. Visita fissata dal ginecologo e primo battito di Elena. Forte e chiaro. In quel momento pensai: "E adesso chi mi può scalfire?". Non so perché in alcuni momenti della propria si pensa che tutto ti sia dovuto che tutto ciò che di brutto o non contemplato possa capitare agli altri ma non a te. No, a te non può capitare; d'altra parte tu lo hai desiderato e quindi andrebbe contro natura pensare che ti possa accadere qualcosa. Poi lo hai anche programmato. Allora quando mi sposo voglio avere tre figli. Magari sarebbe perfetto due femmine e un maschio. No. Ma adesso mi sono appena sposata mi devo divertire, poi intanto "detto fatto". Tutto mi è dovuto! Ma le cose non vanno proprio tutte così. Mera illusione e aggiungerei presunzione. Ma adesso torniamo a noi. Dopo questa visita mi sento forte e pronta per potere affrontare questa nuova avventura, questa nuova vita. Lo comunico a tutti e tutti sono orgogliosi di questa notizia. Passano i mesi ed io continuo a lavorare tutto il giorno tutti i giorni

– sono un architetto – ed avendo a che fare con la libera professione continuo ad avere una vita piena di impegni. Iniziano anche i primi bagni ed io essendo una modesta sportiva coltivo le mie lunghe nuotate che mi fanno stare bene. Mi godo a piccoli bocconi anche le mie giornate di sole e tramonti unici. Il 4 settembre (correva l'anno 2006), giorno della nostra Patrona "Santa Rosalia" dove tutti i miracoli accadono e dove tutte le Grazie vengono (quasi concesse), mentre chiacchieravo e ridevo insieme alla mia mamma davanti un bel piatto di pasta alla norma, improvvisamente mi accorgo di essere bagnata, come se avessi dato vita ad una lunga pipì inarrestabile. Non potendola oltremodo trattenerla, mi affretto a raggiungere il bagno. Lì mi accorgo che non solo la mia pancia si era quasi dimezzata (avevo preso soltanto cinque chili dall'inizio della gravidanza), ma che nonostante tutto anche a piccoli tratti continuavo a gocciolare. Chiamo il mio ginecologo che mi fissa immediatamente un appuntamento. Al mio arrivo tutto sembra confuso, quasi surreale. Mentre mi visita è molto agitato e tra una parola e l'altra gli scappa il nostro cavallo di battaglia (nostro dei siciliani) "Minchia, questo sì è un problema". Io capisco subito che la situazione non è delle migliori, ma essendo sin dalla mia nascita una che o le passi con un tir sopra o nulla mi può fermare, chiedo quale a suo avviso sia la cosa migliore da fare. Lui, il genio, mi consiglia di andare presso una struttura ospedaliera, dicendomi nel frattempo anche quale, per farmi ricoverare. Io scappo subito verso l'ospedale. Non appena arrivo faccio il triage e vengo visitata da un ginecologo che mi fa immediatamente ricoverare non spiegandomi però al momento, realmente, la mia situazione. Io vengo ricoverata e aspetto di capire quando mi verrà spiegata l'intera situazione, poiché sino a quel momento tutti mi avevano parlato della violenta rottura delle membrane, sia quella bassa che quella alta, di una dilatazione pari a 8 cm. Ma nessuno mi aveva confidato le sue inevitabili conseguenze. L'indomani mattina cominciano a rintracciare il battito di Elena, che si sentiva forte e chiaro come effettivamente si facevano sentire già da qualche giorno i suoi calcetti e che adesso erano amplificati perché non più attutiti all' interno del mio ventre. Timidamente mi viene spiegato che il liquido amniotico, non trovando più un alloggio dove andarsi a depositare, automaticamente si perderà e che la mia bimba a poco a poco non troverà più nulla per potersi nutrire. Io penso allora sono davvero nella merda. Qual è la soluzione? Certo nessuno parla, essendo in una struttura Fate Bene Fratelli, di dovere applicare un aborto, perché nelle mie condizioni era l'unica soluzione plausibile. Piuttosto fatela entrare in setticemia la paziente. L' indomani mattina arriva una dottoressa per la consueta visita e mentre timidamente mi visita si alza un attimo, chiude la porta e risedendosi mi guarda dritta negli occhi dicendomi: "Vai via da qui perché ti lasceranno morire. Qui non è contemplato l'aborto e non esistono neanche gli obiettori di coscienza. Firma, scegli un altro ospedale e fatti trasportare immediatamente". In quel momento mi rendo conto che la situazione non soltanto è seria, ma non esiste nessuna soluzione da potere attuare se non seguire alla lettera tutte le indicazioni ricevute. Penso tra me e me. Ma quanto è stato idiota il mio ginecologo a mandarmi nell'unica struttura esistente che non applica l'aborto, riconoscendo da subito la gravità del problema. Lo stesso pomeriggio mi faccio venire a prendere da una autoambulanza privata e mi faccio trasportare in un altro ospedale, che era stato tempestivamente avvisato del mio arrivo. Mi visitarono e anche loro si accorsero che il mio utero aveva subito una dilatazione pari a 8 centimetri e che, come già era stato valutato nelle precedenti visite fatte in ospedale, il mio ginecologo non si era accorto di questa esagerata dilazione e che, a sua volta, non avrebbe applicato un cerchiaggio che in questo caso sarebbe servito ad evitare qualsiasi inconveniente (se così lo si può definire). La mattina successiva mi fa visita il primario della struttura che portandomi in giro con una sedia a rotelle, tra una chiacchierata e l'altra, mi spiega cosa sarebbe successo di lì a qualche ora e come avremmo dovuto trascorrere la nostra giornata insieme. Si rende conto di avere di fronte, nonostante tutto, una donna forte ma allo stesso tempo rassegnata, una donna che in ogni caso dovrà rinunciare al suo sogno. Mi dice che eravamo costretti a indurre il parto e che le mie doglie potevano anche durare persino ventiquattro ore. Io esprimo la volontà di preferire un cesareo, in modo non sentire la mia bimba andare via nella maniera più ingiusta che si possa immaginare, ma lui mi dice che trovandomi tra la ventunesima e la ventiduesima settimana avremmo potuto creare delle lesioni all' utero. Dopo qualche ora, riesco a partorire. Elena resta viva per qualche minuto, poi non ce la fa, non dà più segni di vita. Mi chiedono se la voglio vedere, nonostante tutti, intera equipe, al momento del parto si erano allontanati. Io non ce faccio. Ho sentito tutto, in ordine: i suoi piedini, le sue manine e la sua testina. Pesava 490 grammi. Quel momento per me è terribile, indescrivibile. Mi portano qualche ora in una stanza da sola per non farmi vivere il trauma di essere in camera con le altre mamme che sono insieme ai loro bimbi appena nati, ma questo serve ben poco, perché la notte passa insonne, come tante altre notti. L' indomani mattina vengo dimessa. Per un paio di mesi continuo a sentire la mia bimba che scalcia nel mio ventre, soprattutto di notte, ma in verità dopo qualche momento da quella sensazione mi accorgo e realizzo che lei non c'è più. Ma il culmine l'ho toccato con le perle di saggezza che in questo periodo, dove la migliore cosa sarebbe un rispettoso silenzio, la gente dice: "Dai non ti preoccupare, intanto sei giovane ne puoi avere quanti ne vuoi". "Il Signore ha visto più di te". "Non ti preoccupare, sono cose che capitano". "Sì ma tu lavoravi troppo". E così via.... Dopo qualche esame, fatto nei mesi successivi, il mio medico mi dice che a causa del mio utero è quasi impossibile che io riesca a trattenere una gravidanza. Nel 2009 decido, forse in un momento di pura follia, di riprovarci comunque vada. Agli inizi del mese di ottobre dello stesso anno faccio il test: Positivo. Lo comunico immediatamente al mio ginecologo e lui con suo fare mi dice di non illudermi perché è quasi impossibile che io possa portare a compimento una gravidanza. Dopo qualche giorno, inizio ad avere delle minacce di aborto e immediatamente vengo messa a riposo. Passano giornate terribili insieme a forti dolori mischiati a perdite di sangue. Ma io non mi arrendo. Fisso ugualmente la mia prima visita e sento forte e chiaro il battito della mia creatura. Un'emozione enorme. Il mio medico mi dice che "se tutto va bene" al terzo mese faremo il cerchiaggio, che sicuramente ci potrà aiutare a mandare avanti la gravidanza. Nel frattempo, mi raccomanda di stare a letto per tutto il periodo. Io obbedisco e dopo qualche mese vengo ricoverata e successivamente operata. Nei mesi successivi continuo ad avere minacce di aborto e anche una volontà da parte di Carla Maria di volere venire al mondo, ma fortunatamente tutto rientra e io riesco ad arrivare alla trentasettesima settimana. Dopo qualche giorno, viene al mondo la mia Carla Maria, 2,700 kg. Sana come un pesce e bella come il sole. Adesso lei ha 11 anni e viviamo totalmente in simbiosi. È una ragazzina forte ma allo stesso tempo sensibile, determinata, buona, generosa, altruista. Insomma, tutta la sua mamma. È il regalo più bello che il cielo mi abbia potuto fare ma, nonostante ciò, ogni giorno il mio pensiero va a Elena. Sì, proprio così. Un amore così grande non si può sostituire. È un dolore che ti accompagna tutta la vita con il quale devi in qualche modo continuare a convivere. Vivi per il resto della vita con il rimpianto e il rimorso del "e se". Del senno del poi le "fosse sono piene"

B.

VENTINOVESIMA LETTERA

ALLE NOSTRE PICCOLE STELLINE

Novembre mi ha dato tanto. Due figli, le foglie arancioni, un'amica per tre quarti della vita, boschi di un colore meraviglioso, una zia che è quasi una mamma, feste da organizzare, due cugini che amo, un nipotino, le giornate che si accorciano, minestre in cucina ed il Natale che si avvicina. Novembre ogni anno porta il mio stupore per la bellezza dell'autunno, e la malinconia per quella cosa che ho perso. Ci sono parole difficili da scrivere, giorni pesanti da raccontare, ci sono giorni in cui sai che è il momento, lo devi fare. Ci sono parole che oggi devono venire fuori, ci sarà qualcuno che le scriverà e piangerà un po' (ed è Claudia), ci sarà qualcuno che le leggerà e piangerà un po' (ed è ancora Claudia). Ci sarà una storia finalmente raccontata, ci sarà un motivo, c'è. C'era una volta una bella storia, la storia perfetta, noi due, tre anni di matrimonio che sembra una favola, il primo test di gravidanza positivo. C'era una volta tutto quello che tutti sanno, gioia, vestiti, nomi, in un secondo la vita si affaccia nella tua e ti proietta di lato. Oddio e mo? Ma che veramente? La prima gravidanza ti colpisce in faccia, ma questo tutti lo sanno, tutti lo dicono, tutti annuiscono quando ne parli, no? La nostra è durata tre mesi. L'infermiera poggiata al mio letto mi diceva che sì, capita otto volte su dieci la prima volta, sei in piena statistica Claudia. (Sorridi di' di sì, non piangere). Vedrete, ne verranno altri, siete giovani (sì ma io volevo questo, sorridi di' di sì non piangere). Passerà vedrai (tra dodici anni ne riparliamo, sorridi di' di sì, non piangere). Poi non vuole dirti più niente nessuno, non ne vuole parlare nessuno, e tu vorresti, ne hai bisogno, e non trovi la forza di parlare tu e allora non parli. Nella stanza dove ero ricoverata eravamo quattro. Tre avevano un bimbo appena nato. La ragazza di fronte al mio letto si chiamava

Francesca, mi disse scusami, so che per te con noi davanti è ancora più difficile. Claudia ha risposto, me lo ricordo bene, ma no, mi date speranza invece, per il futuro. Ed era vero, ma era una speranza che faceva di un male che non si immagina. (Adesso è buio, tutti dormono puoi piangere). Ho avuto altri due figli. Ho avuto paura ogni minuto di ogni giorno delle due gravidanze successive, paura di sentire quel dolore ancora, paura che se ne andassero di nuovo, paura di viverlo ancora. Solo una cosa speravo in quel 13 novembre, speravo di essere incinta nel giorno in cui sarebbe dovuto nascere (più o meno nei giorni del compleanno del padre). La Vita mi ha ricompensato. Il 17 novembre dell'anno dopo è nato Nicolò, (volevo anche dire però che il 13 novembre il tracciato di Nicolò aveva un problema e mi hanno ricoverato proprio quel giorno, di nuovo, ed io sono morta mille volte ma poi no). Avevamo comprato un piccolo ciuccio di cristallo, fragile come il sogno che era, ed un carillon a forma di cavallo a dondolo, è bellissimo, sta nella camera dove dormono i bambini ora. Lo guardo sempre. Non passa un giorno senza che io ci pensi una volta almeno, il dolore si fa normale, accettabile, resta però. Sono passati dodici anni. Lo sto scrivendo per Claudia, prima di tutto, e poi lo sto scrivendo per ogni volta in cui mi sono sentita sbagliata per stare così male. Lo scrivo per tutte le volte in cui avrei voluto piangere ancora un po', ed invece queste sono lacrime che nessuno vuole vedere, perché nell'enormità delle cose brutte che succedono questa non ha pari dignità delle altre. Devi raccogliere le forze e stare bene, devi. Ed invece io rivendico il mio diritto al dolore, anche se l'ho perso presto (qual è il tempo minimo perché non lo sia?), scrivo per ogni mamma che non lo è stata più, scrivo perché so bene che se mi fosse capitato ancora non avrei avuto mai più il coraggio di provarci di nuovo, e allora scrivo per la grande fortuna che ho, per chi non l'ha avuta poi, per chi non si è sentita capita, per chi non ce la fa, per quei bimbi che chissà dove sono, per quelle mamme che non li hanno tutti qui. Per chi ha dolori più grandi dei miei, per chi nonostante tutto cerca ancora felicità. Alla forza di chi piange senza singhiozzare, per tutte le volte che una mamma si è sentita sola in questo dolore, alle nostre piccole stelline. Noi vi pensiamo.

C.

TRENTESIMA LETTERA

FINALMENTE INSIEME

Per tre Natali di fila ho rinunciato a salumi, carne cruda, caffè. Ho lavato bene frutta e verdura, ho combattuto con la nausea, ho abbandonato i jeans attillati e ho preferito abiti larghi.
Se tutto fosse andato bene, se ogni Natale mi avesse portato il regalo che speravo, a quest'ora avrei la casa piena di bambini urlanti e saltellanti.
Ma non tutto è andato bene.
A dicembre 2016 scopro di essere incinta. Sono sposata da due anni, siamo felici, innamorati. Sono incredula per il test positivo, non me l'aspettavo. Avevamo iniziato a cercare un figlio, ma senza troppe ansie.
Scrivo subito alla mia ginecologa perché ho qualche piccola perdita e la cosa mi preoccupa. Mancano due giorni a Natale, lei mi dice di stare tranquilla. Lei sarà di turno in Pronto Soccorso il giorno di Natale e se voglio mi visita senza problemi. Oppure posso andare il 27 dicembre, quando lei sarà di turno in sala parto. Decido di andare il 27 dicembre e litigo con mia mamma perché è il suo compleanno e le avevo promesso che avremmo fatto qualcosa insieme. Non le dico il vero motivo del cambio di programma, non lo dico a nessuno. Solo io e mio marito sappiamo. Siamo fatti così, ci piace tenere le cose per noi.
Passo il giorno di Natale in un misto di felicità e ansia: mi vedo già proiettata al Natale dell'anno successivo con un piccolo batuffolo tra le mani, ma allo stesso tempo temo il peggio. Saranno gli ormoni, mi dico.
Arriva il pomeriggio del 27 dicembre, entro in una stanza della sala parto, che negli anni a venire imparerò a conoscere quasi a memoria. La mia ginecologa mi visita, ma non dice nulla. Va a chiamare una collega, poi un'altra collega ancora.

La mia ginecologa sa che stiamo cercando un bambino, ne abbiamo parlato mesi prima quando mi ha consigliato tutti gli esami preconcezionali da eseguire. Vede nei miei occhi la speranza e vuole dirmi le cose come stanno: c'è una ciste ovarica, niente di grave, una cosa normalissima. La ciste però ha impedito all'embrione di formarsi, quindi niente da fare. Mi rimanda a casa con degli esami del sangue da fare per controllare che le BetaHcg scendano, tre prelievi nell'arco di una settimana. Lei sarà in ferie, ma mi lascia il numero delle sue colleghe per qualsiasi urgenza. Mi dice "Chiamami se hai bisogno e se ti senti male o perdi tanto sangue, corri subito in Pronto Soccorso".
Esco dalla sala parto trattenendo le lacrime, mi avvicino a mio marito che non ha bisogno di spiegazioni. Si vede tutto dai miei occhi.
Sarà per la prossima volta, per la statistica è comune che la prima gravidanza si interrompa, e bla bla bla.
Passo mesi di inferno, sorrido fuori, ma dentro inizio piano piano a morire. Non ne parlo con nessuno, nemmeno con le mie amiche più care. Evito l'argomento anche con mio marito.
A febbraio faccio la visita di controllo con la mia ginecologa: la ciste si è sciolta da sola, possiamo riprovare a cercare una nuova gravidanza quando vogliamo.
Evviva!! O forse no.

Giugno 2017
Sto preparando la valigia perché devo accompagnare mio papà a Padova: da pochissimi mesi abbiamo scoperto che ha un tumore e deve essere operato velocemente. Il ciclo è in ritardo, pochi giorni, ma ho una strana sensazione. Faccio il test gusto per sicurezza, non voglio partire con il dubbio. Sono già abbastanza in ansia per mio papà.
Il test è positivo.
Felicità, felicità a mille. Ansia a duemila.

Sento subito la mia ginecologa e rimandiamo la visita al mio rientro da Padova. Ho delle piccole perdite, ma poca roba. Potrebbero essere normali.
Passo i dieci giorni a Padova con mio papà in uno stato di agitazione perenne. Sono in ansia per l'operazione, che non va esattamente come dovrebbe, e per il mio stato. Il fagiolino starà bene? Andrà tutto bene? Non dico niente a nessuno, solo mio marito sa. Ogni giorno mi chiede come sto, se ho sintomi come nausea, giramenti di testa, fame o altro. "Sì, un po' di nausea sì." e lo dico quasi con soddisfazione. Allora il fagiolino c'è, sta bene.
Arriva finalmente il momento della visita.
La mia ginecologa sorride: "Vedrai che va tutto bene". Il sorriso si spegne, sta in silenzio e dopo un po' mi dice: "Mi spiace cara, io non vedo niente". Non si è formato niente. Mi manda d'urgenza a fare l'esame per vedere i valori della BetaHcg, sono un po' alti per non esserci nulla. Li rifaccio dopo due giorni con la raccomandazione che al minimo mal di pancia o perdita di sangue devo volare in Pronto Soccorso perché potrebbe esserci una gravidanza extrauterina.
Rifaccio le beta e poi le rifaccio ancora: scendono fino ad arrivare a zero.
Non me ne capacito e nemmeno la mia ginecologa. Caso strano, ne parlerà con le colleghe che lavorano al centro ARO (Alto rischio ostetrico) per capire meglio.
Mi rassicura: sei giovane, sei sana. Aspettiamo ad avviare tutta la trafila per problemi di fertilità, vediamo come va la prossima volta.
Dentro di me penso, chissà quanto passerà ancora.
Ancora una volta torno da mio marito con la faccia di chi ha perso di nuovo tutto. Non ci diciamo niente, basta abbracciarsi e ci capiamo al volo.

Fine novembre 2017
Che strano. Il ciclo mestruale dovrebbe già essere finito e invece continuo ad avere delle perdite. Dopo qualche

giorno, inizio a sentirmi strana, stanchissima. È l'8 dicembre. Ho poltrito tutto il giorno sul divano e sono stanca. Ho un po' di nausea. Vuoi vedere che...? Ma è impossibile.
Aspetto qualche giorno, poi mi decido e faccio il test: positivo.
Chiamo subito la mia ginecologa anche perché ho ancora delle perdite. Mi fissa la visita un paio di giorni dopo.
Il sorriso è forzato, teme di dovermi dare delle brutte notizie. Mi visita: la camera gestazionale c'è. Buon segno. È vuota, ma può essere che sia presto. In effetti abbiamo fatto la visita con un po' di anticipo. Però c'è il problema delle perdite di sangue. Chiama una collega, mi fa rivestire e ci spostiamo in un altro ambulatorio dove c'è un ecografo migliore. Mi visitano tutte e due e la collega mi conferma quello che la mia ginecologa aveva visto, ma di cui voleva essere sicura. C'è un leggero scollamento della membrana della camera gestazionale, da lì deriva il sanguinamento.
Mi manda a casa con indicazioni di riposo assoluto e ovuli di progesterone che dovrebbero aiutarmi. Ci rivediamo tra una settimana, subito dopo Natale.
Il Natale del 2017 è peggio di quello del 2016: l'ansia è maggiore, il pessimismo anche. Rido alle battute dei parenti che chiedono quando faremo un bambino. Nessuno sa niente oltre a mio marito. Ho sempre odiato certe battute, le trovo stupide. Immaginatevele fatte a una donna che non sa cosa accade dentro il suo utero. "Si sarà formato l'embrione?" "Ehi tu, ci sei?" "Io nel dubbio ti parlo, magari se senti la voce della mamma, decidi di essere dei nostri".
Seconda visita: le perdite non ci sono più, lo scollamento è rientrato. Ottimo! Ma e c'è un ma grosso come un macigno, la camera gestazionale è ancora vuota. Continuiamo con gli ovuli e il riposo. Va beh, tanto sono in ferie, cosa vuoi che faccia? Me ne sto sul divano a rimuginare su tutto. Non riesco a leggere, a concentrarmi

per vedere un film. Niente. Mangio e dormo. E piango di nascosto.
Ci rivediamo con l'anno nuovo. Entro in una saletta della sala parto, sono tesa, tesissima. Parliamo del più e del meno, delle vacanze natalizie. Anche la mia ginecologa è tesa. Ecografia: camera gestazionale vuota. Ancora vuota. Mi fa rivestire. Prende un pacco di fogli e inizia a scrivere una serie di numeri di telefono.
Poi mi dice l'amara verità: ormai è tardi, se non si è ancora formato, non si formerà più. Bisogna intervenire con un raschiamento a meno che non venga espulso da sola.
Mi chiameranno dall'ospedale per fissare la data dell'intervento, mi anticipa che ci vorranno un po' di giorni. Se comincio a perdere tanto sangue, dovrò andare subito in ospedale.
Poi mi consegna un foglio con nomi e numeri di telefono di colleghe che lavorano al centro ARO perché è bene iniziare a capire il motivo di queste gravidanze mancate.
"Sei giovane, sei sana, non è normale quello che ti sta succedendo. Dobbiamo andare in fondo alla cosa. Ma prima dobbiamo affrontare il raschiamento".
Esco, mi avvicino a mio marito, non ho il coraggio di guardarlo in faccia. Sto in silenzio finché non arrivo a casa, poi crollo sul pavimento e piango tutte le lacrime che ho.
Il giorno dopo vado in ufficio, faccio finta di niente. A metà mattina ricevo una telefonata: è l'ospedale "Signora, si è liberato un posto per domani", "Ah, di già?!" "Se non se la sente possiamo aspettare, però ci vorranno almeno quindici giorni", "Va bene, vengo domani".
Non ce la posso fare ad aspettare così tanto.
Passo una giornata allucinante, trattengo a stento le lacrime. Colleghe e capi se ne accorgono, non è da me, ma non dicono nulla. A tempo debito lo dirò. Faccio davvero fatica a lavorare e combino un casino dietro l'altro. Nessuno mi rimprovera, le colleghe rimediano ai miei errori. Non mi è mai successo.

Esco dal lavoro e vado dai miei genitori. Questa volta glielo devo dire. Non avrei mai voluto farlo: sono figlia unica, ho sempre desiderato avere un fratello o una sorella. Quando ero in prima media mia mamma rimase incinta. Ero felicissima. L'avevo detto a tutti. Poi una sera ha perso il bambino. Siamo stati tutti malissimo.
Non so come dare la notizia ai miei, non voglio risvegliare vecchi dolori. Piangiamo insieme.
Entro in ospedale per fare il raschiamento il 10 gennaio 2018. Ricordo ogni minuto di quel giorno. E ogni volta mi sento morire.
Dopo il raschiamento inizio con una serie di visite: controlli post-intervento, esame istologico del feto (è tutto ok, non ci sono problemi genetici), esami del sangue, esami approfonditi, visite al centro ARO. Tutto nella norma, tranne l'alterazione di alcuni anticorpi. Anticorpi anti-nucleo si chiamano. Devo fissare una visita dall'immunologo che mi spiegherà nel dettaglio. Mi fanno il nominativo di uno bravo, uno che segue le donne che hanno problemi a portare a termine una gravidanza. La visita è a fine maggio, prima non c'era posto. È marzo. Odio le attese. Odio non sapere.
Nel frattempo intorno a me, amiche e colleghe restano incinta e per loro sembra tutto facile.
Sono felice per loro, ma sono anche invidiosa e arrabbiata con me stessa perché ho qualcosa che non va.
Mancano pochi mesi al mio trentesimo compleanno. Tempo di bilanci.
Ho sempre pensato che a 30 anni sarei già stata mamma. E invece sono qui in un limbo. Mi rimbombano in testa le parole di uno dei ginecologi che ho visto al centro ARO: "Signora, si metta l'anima in pace perché sarà un percorso lungo e non è detto che capiremo la causa". Ah, beh perfetto.
Sono una pratica e schematica, cerco sempre di avere tutto sotto controllo, di pianificare. Devo darmi uno scopo, se no divento matta.

Con mio marito decidiamo di partire per qualche giorno per festeggiare il mio compleanno. Un viaggio on the road, come piace a noi e torniamo nei posti del nostro viaggio di nozze.
È il giorno del mio compleanno, sono sdraiata su una roccia e ammiro un panorama mozzafiato: la natura ci ha messo millenni per costruire tutto questo e io finalmente, dopo tanti mesi, mi sento in pace. Sono davvero in pace con me stessa. Mentre mio marito scatta un po' di fotografie, me ne resto sdraiata a godermi la pace e d'un tratto penso che se proprio deve andare male, se proprio devo rinunciare al mio sogno più grande, quello di diventare madre, va bene. Lo accetto. Ne soffrirò, tanto, ma lo devo accettare. Non dipende da me, da mio marito. Da niente. È una questione di sfiga. O di fortuna. Compenserò il vuoto con altro: viaggeremo. Ci regaleremo, ogni volta che il lavoro ce lo permetterà, un viaggio. Vedremo posto nuovi, staremo insieme e cercheremo insieme di colmare il vuoto.
Arriva maggio e arriva la visita dall'immunologo. Ad essere sincera è da una settimana che mi sento stanca. Il venerdì ho la visita dall'immunologo e proprio quel venerdì dovrebbe venirmi il ciclo. Di solito anticipa sempre di un paio di giorni. Questa volta no. Decido di fare un test per scrupolo, giusto perché devo fare la visita e voglio arrivare preparata.
Test negativo. Va beh, me l'aspettavo.
L'immunologo è gentilissimo, mi fa un'ottima impressione. Mi spiega tante cose su quei benedetti anticorpi anti-nucleo. Ma non si arriva a una conclusione, sono tutte ipotesi perché anche loro non sanno ancora con certezza molto a riguardo.
Mi congeda dicendo che l'unica cosa che si può fare nel caso in cui io dovessi restare incinta è prendere la cardioaspirina per quasi tutta la durata della gravidanza. Non è una cura, non è una certezza. Hanno solo visto che in molti casi funziona. Mi prescrive una serie di altri esami

per escludere malattie autoimmuni e poi ci rivedremo più avanti.
Mi godo il week end tranquilla, ma continuo a sentirmi strana. Stanca. Poi la domenica pomeriggio inizio ad avere un mal di pancia forte, ma è strano. Penso sia il ciclo, ma è un dolore diverso. Come un ago che piano piano mi buca le ovaie. Mi fa talmente male che faccio fatica anche a stare seduta sul divano. Nel giro di due ore il dolore passa. Va beh, avrò mangiato pesante. Eppure, nella mia testa e nel mio cuore una vocina mi dice che...
Lunedì mattina. La sera devo andare dal medico per farmi prescrivere gli esami del sangue che mi ha dato l'immunologo. Decido di rifare il test. Giusto per essere sicura.
Test positivo. Riguardo bene. È positivo. Non sono felice, sono spaventata a morte. La prima cosa che penso è "ecco, ci risiamo".
Lo dico a mio marito, resta serio anche lui.
Scrivo subito alla mia ginecologa - santa donna! - che mi risponde nel giro di un paio di ore. Subito esami del sangue, subito monitoraggio della BetaHcg, subito cardioaspirina e subito ovuli di progesterone. Ci vediamo tra qualche settimana per la prima ecografia, è inutile farla troppo presto.
La fissiamo per la metà di giugno. Ho fatto il test a fine maggio. Sono settimane allucinanti. Non so cosa pensare, cosa sperare. I dosaggi della beta salgono, sembrano andare bene. Non ho perdite.
Sono stanca e ho la nausea. Piango appena posso, la pressione è davvero tanta.
Arriva il giorno dell'ecografia. Chiedo a mio marito di aspettare fuori, non me la sento di guardarlo negli occhi mentre cerchiamo di capire se questa sia la volta buona o no.
Entro. La mia faccia dice tutto, quella della mia ginecologa anche. Dopo un rapido come stai, mi dice di

spogliarmi subito: "Controlliamo che sia tutto ok, alle scartoffie pensiamo dopo".
Non ho il coraggio di guardare il monitor, non ho il coraggio di guardare la mia ginecologa. Sono una fifona di natura. Riesco a malapena a deglutire.
Silenzio. Silenzio. E ancora silenzio. Finalmente la mia ginecologa prende la parola: "Evvai! Evvai!" Sta letteralmente urlando la parola "Evvai!"
Lui c'è. Il mio fagiolino c'è. Sta bene. Sento il battito.
Lui c'è. Mi rivesto veloce e prima di sbrigare tutte le pratiche, esco e faccio un solo gesto a mio marito. Pollice in su. Va tutto bene.
Tiro un sospiro di sollievo. Ma solo per un attimo. La mia ginecologa ci tiene a dirmi che è una gravidanza a rischio. Dobbiamo essere cauti. Posso vivere normalmente, non devo stare a letto, ma dovrò fare molti più esami e controlli.
Andiamo avanti con cardioaspirina e ovuli di progesterone e ci teniamo costantemente in contatto. Qualsiasi cosa che non va, via di corsa in Pronto Soccorso.
Esco dal suo studio con un misto di felicità e ansia. Ma non può sempre andare tutto male, dai. Usciamo a cena per festeggiare.
Faccio gli esami del sangue, tutto bene, tranne il valore della tiroide che è leggermente sballato. La mia ginecologa, insieme a una collega del centro ARO, decidono di darmi una pastiglia per la tiroide perché - mi spiegano - sbalzi eccessivi dei valori della tiroide possono portare ad un aborto.
Arrivano anche i risultati degli esami prescritti dall'immunologo: niente malattie autoimmuni. "Evvai!"
Con i piedi di piombo, do la notizia ai miei genitori e ai miei suoceri. Sono al settimo cielo, ma raccomando di non dirlo a nessuno.
Passano le settimane e ormai ho fatto l'abbonamento a visite, prelievi, ospedali, ecografie.

Va tutto bene. Il bambino sta bene, cresce. Continuo con le mie medicine e le mie ansie. Certi giorni sono sicura che andrà tutto bene, altri invece no.

Continua a parlare con lui o lei (anche se secondo me è un maschio). Gli racconto ogni cosa, gli spiego quante cose belle ci sono qui fuori. Gli chiedo di combattere insieme a me, gli prometto che se arriverà fino alla fine, ne varrà la pena. "Vedrai amore mio, vedrai che bello vivere".

Passano i primi tre mesi, continuiamo a essere monitorati. La mia ginecologa è contenta, mi dice che posso tranquillizzarmi un pochino. Inizio a dirlo agli amici più cari, alle colleghe. Sono tutti felici, siamo tutti felici.

Ad agosto sento i suoi primi movimenti. Ok, adesso so che ci sei davvero. Non è un sogno.

L'abbonamento con visite e ospedali continua, ma va bene così. Ogni volta è un'occasione per sentire il tuo cuore.

A fine novembre, con una bella panza tonda vado in maternità. Adesso mi rilasso finalmente e inizio a preparare corredino, cameretta e giochi.

Ogni tanto mi prude tutto. La pelle mi tira e sembro una scimmia impazzita che si gratta in continuazione. Sarà un effetto del passaggio lavoro/maternità. Le ultime settimane sono state impegnative perché dovevo concludere un importante progetto.

Vado ad una visita della ginecologa, tutto bene. Sto già per uscire, sono ormai sulla porta quando le dico "Sai una cosa strana? Mi prude sempre tutto". Lo dico ridendo, è una cazzata ai miei occhi. Vedo che la sua espressione cambia.

Mi prescrive degli esami del sangue. Deve vedere i valori degli acidi biliari. Chi? Cosa sono? Perfino il mio medico di base è scettico: "In tanti anni di lavoro, non ho mai prescritto questi esami in gravidanza".

Arrivano i risultati: acidi biliari sballati. Ho una rara malattia che viene al 2% delle donne in gravidanza. Si chiama epatopatia gravidica. Il fegato è appesantito. Io a parte il prurito sto bene. Ma il bambino - sì, nel frattempo

abbiamo avuto la conferma che è un maschio- potrebbe risentirne, soprattutto a livello respiratorio.
Aggiungiamo due medicine: una per il prurito e una per il livello degli acidi biliari.
Manca poco a Natale.
Manca un mese al termine.
Non ci posso credere, non ci voglio credere. Sembrava andare tutto bene, finalmente mi ero rilassata un attimo e tac. Ma quanto sono sfigata?
Anche questo Natale, il terzo di fila, lo passo con l'angoscia. Ho una pancia enorme, lui si muove spesso. Gli parlo sempre, ogni minuto. Ascoltiamo tanta musica, balliamo. La sera ci coccoliamo sul divano con papà che ti sussurra tante belle cose. Non vediamo l'ora di vederti. Ti prego, resisti.
Passo l'ultimo mese a fare avanti e indietro dall'ospedale. Ogni settimana esami del sangue, ogni settimana monitoraggio.
Arriviamo a metà gennaio, manca una settimana al termine.
I valori degli acidi biliari sono migliorati, il bambino continua a respirare bene, ma perché aspettare che la situazione peggiori?! Mi ricoverano il giorno dopo per indurre il parto.
Il primo gel per l'induzione me lo fanno in mattinata. La mia ginecologa passa a salutarmi prima di finire il turno.
È venerdì, ha il week end libero perché ha già lavorato per troppi giorni di
fila. Le spiace non esserci, ma sarà di nuovo di turno lunedì. "Ti lascio in buone mani".
Altra dose di gel nel pomeriggio e poi di nuovo nel tardo pomeriggio. Ma niente contrazioni. Continuiamo il monitoraggio. Le contrazioni iniziano dopo cena, sono sempre più frequenti e più forti, ma non c'è dilatazione.
Mi fanno un altro gel, l'ultimo. Ma niente.
Decidono di rompere il sacco, forse magari la situazione migliora.

Niente. I centimetri di dilazione restano praticamente uguali a quelli di quando sono entrata la mattina.

Sono esausta perché le contrazioni generate dal gel sono vicinissime e fortissime, non ho il tempo di riposare che subito ne inizia un'altra. Il monitoraggio continua.

L'ostetrica entra più volte a sistemarmi i sensori del monitoraggio sulla pancia. Dice che continuano a spostarsi e quindi non vedono il tracciato del bambino. Io non mi rendo conto di niente. Non mi rendo conto che mio marito ha la faccia preoccupata e che tiene d'occhio i valori sul monitor.

Sono le 3 di notte, il ginecologo entra con un foglio in mano. Mi spiega che devo firmare per autorizzarli a fare un cesareo d'urgenza. Il bambino è in sofferenza e io sono poco dilatata. Allo stato attuale, in modo naturale, ci metterei almeno altre 5/6 ore prima di partorire. Il bambino non può rischiare così a lungo.

Nel giro di 10 minuti sono già in sala operatoria. Ho l'anestesia, ma sento le mani del ginecologo che mi tagliano la pancia, la aprono e tirano fuori il mio bimbo. Piange. Lo sento che piange. Lo portano via subito, non lo vedo. Chiedo se va tutto bene, mi dicono che dobbiamo aspettare che il pediatra lo visiti.

Tornano dopo 5 minuti. I 5 minuti più lunghi della vita. Me lo mettono vicino al viso, naso contro naso. Gli do un bacio sulla fronte "Ciao amore mio".

Lui sta bene. Io sto bene. Stiamo bene. Lui c'è. Noi ci siamo, siamo una famiglia.

Grazie.

A un anno da quel brutto giorno di gennaio in cui ho fatto il raschiamento, stringo tra le mie braccia mio figlio. Da non credere. Siamo finalmente insieme.

Sono passati quasi due anni. Ora per mia fortuna ho una piccola ranetta saltellante e urlante per casa che mi ha colorato la vita. È la gioia della mia vita, mi ha salvato la vita e ogni volta che mi prende per mano il cuore batte più forte.

Il dolore non è passato, l'ho solo nascosto in una parte di me che cerco di non ascoltare. Le urla giocose e i salti della mia ranetta sovrastano il silenzio. Ma ogni tanto, per qualche strano gioco del destino, mi tornano alla mente i ricordi dolorosi di questi ultimi anni e mi viene la pelle d'oca. Allora do un bacio alla testolina bionda della mia ranetta e tutto passa.

F.

TRENTUNESIMA LETTERA

SENZ'ALBA (MAI NATO)

Cercai di non pensarti
relegandoti nel ventre che non ti nacque
annegando i rami delle tue radici
tranciate tra il mio costato.

Mai ho dimenticato
i fratelli che non ti ho dato
segregandoti tra i chiodi delle mie stanze
e le nenie mute delle culle vuote.

Non ho mai scordato
il tocco delle manine sconosciuto
sui capezzoli prosciugati dalla tua assenza
e il latte inacidito che dissanguai.

Senz'alba
fu il cielo che ti partorì
tra le oscure doglie della notte eterna
in cui fui vittima e carnefice
dell'imperfetta sostanza che mi fece donna
tra la croce e la condanna.

Nascesti altrove
non seppi mai chi eri.

Morii di te... tu di me.

MT.

TRENTADUESESIMA LETTERA

SOSTEGNO E COMPRENSIONE

26 settembre 2018.
Poco dopo la mezzanotte ci dicono che il tuo cuore non batte più.
In quel momento finisco dritta in una bolla e continuo a pensare che dentro di me sapevo che qualcosa non andava: erano giorni che quella sensazione di forte inquietudine mi tormentava. Avevo la morte dentro di me, ecco perché non mi davo pace. Appena mi dicono che ti avrei dovuta partorire sono esplosa, non avrei mai potuto farlo, non ero così forte, non ero pronta a lasciarti andare. Il tuo papà, ancora incredulo e visivamente a provato, mi ha come sempre fatta ragionare e tenuta per mano accompagnandomi verso quello che pensavo impossibile. Mi aspettavano ore difficili in cui ho ripercorso ogni giorno delle 33 settimane trascorse insieme per cercare di capire quale fosse la causa, se ci fosse un mio errore.
Alle 17:40 dello stesso giorno, ti lasciavo andare, ti guardavo tenendoti fra le braccia, incredula di quanto fossi bella e somigliante a tua sorella. Anita, con te sono diventata mamma per la seconda volta conoscendo un nuovo modo di amare e scoprendo quanto il cuore possa fare male, senza però far venire meno la forza.
Ti ho partorito con tutto il mio amore e con tutta la dolcezza che conosco. Non ero sola, non lo sono stata mai. Il tuo papà presente e incoraggiante, la nostra Mami che mi ha ascoltata tutta la notte e aiutato a comprendere che ce l'avrei fatta. Lara che nel cuore della notte mi ha compresa, conoscendo il mio stesso dolore. Barbara che ti ha lavato e vestito con amore. Adria, ostetrica dell'ospedale, che ci ha fatto sentire speciali e ha saputo accogliere il nostro dolore. Uscire dall'ospedale con le braccia vuote è stato devastante. Percepire il mio ventre vuoto è stato devastante. Ma la vita continuava a scorrere

e in qualche modo ho continuato a percorrerla. Non ho parlato molto di te perché mi sembrava di violare qualcosa di così intimo e prezioso. Con pochi ho condiviso i miei pensieri, le mie mancanze, le nostalgie. Intorno a me ho sentito molto sostegno e comprensione e questo è stato di grande aiuto per andare avanti.

A un certo punto ho iniziato a guardare la nostra storia e a vederla non come la tragedia, ma come un dono, perché tu sei stata così preziosa che il tuo passaggio non poteva non avere un significato. Ho deciso di fermarmi, di mettermi in pausa per capire. A giugno, esattamente nove mesi più tardi, il mio corpo è andato in corto circuito. Un problema alla vista, un attacco di panico, l'incapacità di cogliere nell'immediato che non stavo rivivendo la tua perdita. Ho toccato il fondo, sono risalita con tutta la mia forza. Perderti mi ha messo di fronte alle mie più grandi fragilità, che ho accettato. Ho una ferita profonda che non guarirà mai completamente, ma credo che sia giusto così, perché quando la sento pizzicare mi ricorda che l'impossibile non esiste, che una mamma può tutto, che l'amore non ha confini e che bisogna sempre ascoltarsi nel profondo.

F.

TRENTATREESESIMA LETTERA

CIAO LUCREZIA

Marzo 2017. Arriva finalmente la gravidanza tanta attesa. Da subito ho avuto problemi, ma poi tutto andava bene, anche se la mia ginecologa ad ogni controllo mi diceva che la bimba, Lucrezia, era piccola, ma che era tutto nella norma.

Arriva il giorno della morfologica e mentre la stavo facendo già avevo capito che qualcosa non andava. Purtroppo, la bimba non stava crescendo. Dopo una settimana, mi fanno ripetere l'ecografia e da lì è iniziato un incubo. La bimba non era cresciuta, io avevo la pressione altissima, non stavo bene e l'unica soluzione era l'aborto terapeutico. Era il mese di agosto, precisamente la settimana di Ferragosto, ed io e mio marito sembravamo due disperati in cerca di un ginecologo non obiettore. Non avevamo molto tempo, ero arrivata alla 22a settimana, dopodiché in Italia non si può più praticare l'aborto terapeutico.

La mia ginecologa mi aveva praticamente abbandonato, ho chiamato ospedali, dottori, tutti la stessa risposta: "È la settimana di Ferragosto, sono obiettore". Alla fine, troviamo un ginecologo non obiettore. Faccio la visita il giorno del nostro anniversario di matrimonio, e mi dicono che per essere ricoverata occorre fare una visita dallo psicologo, che mi verrà indotto il parto, ma nessuno mi spiega quanto dolore fisico avrei provato. Arriva il giorno del ricovero, 17 agosto 2017, il giorno del compleanno di mio marito. Faccio il colloquio dallo psicologo, mette una firma ed iniziano l'induzione al parto. Un dolore indescrivibile, perdevo sangue, avevo il terrore di andare in bagno, la paura di vedere uscire la mia bambina.

Passa il primo giorno, la sera ero sfinita, svengo per il dolore, vomito ed alla fine per farmi dormire mi danno la morfina. Mia madre vicino a me e mio marito dormiva in

macchina al parcheggio dell'ospedale. Secondo giorno, nuova induzione al parto, mia sorella aveva dato il cambio a mia madre, una giornata lunghissima, le contrazioni non arrivano. Mia sorella mi accompagna in bagno ed è lì che ho creduto di aver perso la mia bimba invece era sangue, una marea di sangue che ancora oggi sento l'odore. Nulla, arriva la sera, mio marito di nuovo a dormire al parcheggio, ed io ancora non avevo le contrazioni. Passa il dottore, ogni visita un dolore assurdo, e mi dice che l'indomani dovevo partorire per forza.
La notte ho dormito talmente ero sfinita dal dolore. La mattina mi sveglio e di nuovo induzione al parto, arrivano finalmente le contrazioni. Quanto ho urlato, i medici che mi visitavano e cercavano di aiutarmi, ma la bimba non scendeva. Un dolore che mi è rimasto sulla pelle, lo sento ogni giorno. Ho implorato un po' di anestesia, un antidolorifico però nulla. Andiamo in sala parto io e mio marito, lui che mi contava le contrazioni, si rompono le acque, urlavo e poi le mani del dottore, ostetriche che cercavano di farla uscire. La sento scivolare. Mi sento finalmente libera dal dolore, ma tremendamente in colpa. Sono rimasta altri tre giorni in ospedale e poi a casa. Ogni sera avevo la febbre, dolori lancinanti e poi piano piano ho iniziato di nuovo la mia vita, con una maschera che forse ancora oggi porto. Io continuerò a lottare per il mio sogno.

V.

TRENTAQUATTRESIMA LETTERA

CIAO GIUSEPPE

11 luglio 1994.
Manca solo una settimana al grande evento, il mio primo bambino, Giuseppe.
È stato bellissimo aspettare Giuseppe, non sapevo nulla di provette, analisi, ecografie. Solo che alla prima mancanza del ciclo ho fatto le analisi delle urine e sono risultata positiva, ero incinta!
Mi sentivo al settimo cielo, parlo in prima persona senza menzionare mio marito perché è così che mi sentivo: una Madonna, una sensazione simile al Paradiso che non senti altro che te e lui o lei nella tua pancia, era bellissimo.
Chiaramente mio marito era al settimo cielo proprio come me.
La gravidanza è proseguita benissimo, mi sentivo in piena forma, ma c'è un ma.
Un giorno sono andata a farmi un elettrocardiogramma e un ecocardiogramma, mio del mio cuore, e il medico mi fa sedere dandomi una sentenza: "Ha un difetto interatriale, un buco nel cuore, e deve operarsi appena avrà partorito".
Mi è caduto il mondo addosso, tutto un tratto non mi sentivo più in Paradiso ma in una specie di limbo, pensavo al mio bambino, se mi fosse accaduto qualcosa non avrei avuto neanche il tempo di conoscerlo.
Ma ho affrontato con coraggio il mio percorso e ho pensato solo a Giuseppe, il suo corredino, la culla, tutto bello, meraviglioso, sentivo i suoi calci nella pancia come per darmi coraggio, ero felice di nuovo.
Mancavano pochi giorni per partorire e sono andata in ospedale per un'ecografia, il medico mi aveva informata che Giuseppe non era in posizione, cioè a testa in giù, ma era in posizione podalica, ma mi aveva rasserenata dicendomi che nei dolori i bambini si girano e quindi non

c'era pericolo, in quanto anche il tracciato era nella norma.
Invece due giorni dopo questa visita ero distesa sul letto, era tardi, quasi mezzanotte, sento il mio Giuseppe che fa le capriole nella pancia, dopodiché si calma, non sento più nulla, mi sono detta si sarà girato. Poi mi sono addormentata e la mattina dopo, quando mi sono svegliata, continuavo a non sentirlo, avevo un peso, la pancia pesante, e lo dico a mio marito che mi tranquillizza, mi porta in ospedale e dico al dottore non sento più il bambino che si muove.
Lui mi fa stendere, mette ecografo sulla pancia e mi dice: "Signora, il bambino è morto, non c'è più battito".
Credo di avere urlato qualcosa, c'era mia madre con me, non so se sono svenuta o altro, fatto sta che mi sono ritrovata su una barella e con un andirivieni di dottori ed infermieri a calmarmi, a capire cosa cazzo era successo.
Dopo due giorni, due lunghissimi giorni mi fanno partorire, due candelette nell'utero, poi mi tagliano per fare uscire il liquido amniotico, un lavaggio in vena e via. Erano le 8 del mattino, partorisco alle 17 del pomeriggio un bellissimo bambino di 3 kili e 400 grammi, bello come il sole, le guanciotte come le mie, la boccuccia imbronciata, un colorito roseo, a questo punto devo fermarmi per continuare a scrivere perché le lacrime mi appannano la vista. Adesso, dopo 26 anni riprovo la stessa tristezza di allora, non passa, in 26 anni ogni giorno della mia vita ho sempre con me il ricordo di Giuseppe, morto con il cordone ombelicale nel girarsi, perché era in posizione podalica.
È nato e morto nel mio grembo, ho dovuto partorirlo con immani dolori, mi sono sentita svuotata, sola, depressa, e con un'operazione al cuore da affrontare senza di lui.
Però esistono i miracoli, dopo tre mesi dalla sua perdita ero di nuovo incinta, l'operazione al cuore l'ho dovuta rimandare ed è nato Leonardo, che oggi ha 25 anni. Nel frattempo, quando Leonardo aveva solo un anno, sono

stata operata al cuore e mi sono sentita accanto mio figlio, il piccolo Giuseppe: sono sicura che ha guidato i medici nella mia operazione perché sono stata indirizzata in un ospedale pediatrico a Massa, l'ospedale Apuano, un ospedale all'avanguardia sui difetti del cuore dei bambini. Non era un caso. Sono stata un mese intero in questo meraviglioso ospedale con medici bravissimi e bisogna dirlo quando si parla di sanità, questa è la vera anima. Mi ricordo il chirurgo, il professore Vannini, prima di operare un bimbo chiedeva al Signore di guidare le sue mani.
Poi sono ritornata dal mio Leonardo, è stato bellissimo poterlo riabbracciare, e dopo quattro anni ho avuto la mia meravigliosa Sara, che ha 21 anni.
Ai miei figli racconto spesso questa storia, gli dico: voi non siete due ma tre, vostro fratello vi guida da qualche parte. Non so se esiste il Paradiso, ma credo fermamente che qualcosa di noi rimane, un'energia intelligente che ci dà la forza di uscirne.
A tutte le donne che come me si sono ritrovate a perdere un figlio, che sia il primo mese o l'ultimo non ha importanza, perché un frate di San Francesco d'Assisi mi disse che già il concepimento ha un'anima, quindi sono figli, sempre.
La forza del Signore vi aiuterà, e i vostri figli sono sempre con voi.

A.

TRENTAQUATTRESESIMA LETTERA

SOLA, SENZA NESSUNO

La scorsa settimana ho avuto il mio terzo aborto, nel giro di due anni, sola in ospedale senza nessuno. Questa volta non abbiamo detto a nessuno che ero incinta, avevamo troppa paura di essere felici, in attesa. La paura di vivere questa stupenda emozione e poi di doverla lasciare andare con un dolore immane. Lo avevamo già provato due volte e ci siamo rialzati, faticosamente, ma abbiamo reagito. Questa volta ci siamo detti: la vita vincerà su tutto, vogliamo questo bambino e ce la farà, ma invece.

Il primo aborto al quarto mese, parto naturale, il dolore, il sangue, tantissimo sangue e lacrime scorse come fiumi. Poi la fatica di ritrovarsi come coppia, divisi da questo lutto che divide uomo e donna nel modo diverso di sentire e poi piano piano ci siamo riavvicinati, presi cura l'un l'altro delle ferite e abbiamo deciso insieme di vivere, perché vita e morte sono la stessa cosa, imprescindibili, avanzano a braccetto.

Nel giro di neanche due anni, da febbraio 2019 a oggi, tre aborti, diversi fra loro, ma che hanno segnato per sempre le nostre anime, e quelle della nostra figlia di 4 anni, a cui vorremmo tanto dare un compagno di viaggio, perché anche se non lo sa, ha sentito di riflesso il dolore di mamma e papà. La sera che sono tornata a casa dopo la visita ginecologica dove mi era stato detto che il mio bimbo non si muoveva più ed era morto, ho cercato di fare come se nulla fosse e le ho letto la sua storia nel letto prima di dormire. Mentre cercava di addormentarsi mi ha detto che non poteva dormire, era preoccupata per qualcosa, ma non sapeva cos'ere.

La scorsa settimana il terzo aborto, day hospital, e dato che ero all'8a settimana mi hanno rimandata dopo sei ore a casa a sanguinare lentamente, a vedere scorrere via la vita, piano piano da me.

Ci riproveremo sicuramente, ma queste tre vite hanno vissuto nei nostri cuori, nei nostri sogni per il loro futuro, li ho visti correre felici ed abbracciarmi e a volte penso a quante donne, che forse conosco, che magari sono anche amiche mie, hanno pianto e sanguinato in silenzio, nascoste, sentendosi anche in colpa e sole, molto sole.
Pubblicare queste storie aiuterà sicuramente tante mamme, e tanti papà che si sentono soli, e il dolore passerà, la vita prenderà il suo posto con gli impegni, il lavoro, la frenesia, le risate, i sorrisi di ogni giorno, ma qualche sera capiterà, prima di chiudere gli occhi, di mandare un pensiero, un abbraccio caldo ai nostri figli che, anche se solo per qualche settimana o mese, ci hanno dato la gioia e allo stesso tempo il dolore più grande della nostra vita.

Ho un bimbo di tre anni la cui gravidanza non è stata semplice: minacce d'aborto dall'inizio e riposo assoluto a letto. Dopo sei mesi dalla sua nascita, rimango incinta di nuovo, ma con mille dubbi e incertezze. Mi convinco che non è il momento, che il piccolo ha troppo bisogno di me, che ancora non sono una brava mamma. Insomma, quella piccola vita che stava nascendo avrà sentito queste mie preoccupazioni e ha deciso di andar via da sola (proprio quando io invece stavo convincendomi che sarebbe andato tutto bene). Dopo un anno, ci riproviamo e, sorprendentemente, rimango incinta di due gemelli. Siamo felici, un po' di paura, ma felici. Li vedo lì che si muovono, il loro cuore che batte a mille. Io però comincio ad avere molta ansia sulla loro sorte, ancora fresca l'esperienza del precedente aborto, ho paura di perderli, ma loro sono ancora lì. Dopo due settimane, invece, tutto finito: alla 12a settimana il loro cuore non batte più e io devo sottopormi al secondo raschiamento e ai miei sensi di colpa: forse non li merito? Forse non sono una buona e brava madre? Forse non ho fatto il possibile per trattenerli? Perché il mio corpo, questo involucro apparentemente perfetto, non è in grado di proteggere quel pezzo del mio cuore? Che colpa devo espiare? Cosa avrei potuto fare per far sì che la mia gravidanza avesse potuto avere un lieto fine? Domande a cui ancora oggi non riesco a dare risposta e se mi fermo a ragionare, mi colpevolizzo e dico: "Potevo fare di più, è colpa mia". Pochi hanno saputo ascoltare i miei pianti senza fiatare o giudicare con le solite frasi fatte: "Vabbè tanto uno ce l'hai già", (cosa vuol dire? Che posso soffrire perché ho già un figlio?) "Dai, capita a tante", "Non erano ancora formati", "Siete giovani, ci riproverete". Non ho più voluto parlarne a nessuno, mi sono rialzata per mio figlio ma continuo a piangere e colpevolizzarmi. E loro... non li dimenticherò mai, ancora cerco di dargli un volto e di fantasticare su come avessero potuto rapportarsi con l'altro mio bimbo.

F.

TRENTACINQUESIMA LETTERA

CE L'ABBIAMO FATTA

Era il 2006, ed io avevo tanti sogni, che stavo per realizzare in quanto donna felice, giovane (era l'anno del mio 29esimo compleanno) e innamorata di mio marito, che avevo sposato l'anno prima, dopo pochi mesi di fidanzamento e convivenza.
Toccavo il cielo con un dito e mi sentivo bella e spensierata come una giornata di sole.
Ma proprio quell'estate accadde l'inesorabile, un dolore che mi porto ancora dentro, ma che ho rielaborato, crescendo, superando, facendomi venire le prime rughe e i primi capelli bianchi.
Mi sono chiesta perché sia successo a me, ma ancora oggi, se cerco una spiegazione, non riesco a trovarla, ma so che un giorno forse, riuscirò a collegare quei famosi puntini e capire perché avevo bisogno che capitasse.
Ero in vacanza in Grecia con mio marito, in un'isola bellissima ma senza un ospedale ed una adeguata assistenza medica per le emergenze. Un pomeriggio giocavo a racchettoni in spiaggia e persi sangue, quella notte ebbi un dolore fortissimo al bassoventre, ma non riuscii a reagire e non feci nulla.
Chiamai mia madre, ed il suo sesto senso, mi portò ad acquistare dei test di gravidanza. Ne comprai sei, perché ero incredula ed erano tutti positivi. Ero incinta e non me ne ero accorta. Il giorno successivo andai a fare gli esami del sangue, nuovamente positiva. Aspettai che tornasse il ginecologo dell'isola per una visita. Non parlava inglese, solo greco, ma capimmo subito quando ci disse che non c'era battito. Il piccolo che portavo in grembo da quasi tre mesi era morto, ed io non avevo avuto segnali e non mi ero neanche accorta della sua presenza. Piansi in un vestito bianco a fiori rosa sporco di sangue. Dovevo partire con urgenza per fare un raschiamento. Ricordo ancora il

viaggio infernale, il traghetto gelido per l'aria condizionata, e dentro di me faceva ancora più freddo, il taxi ad Atene che mi portò in un albergo a notte fonda, l'aereo per Roma la mattina dopo. Piansi e piansi e ricordo solo le espressioni di mio marito e le sue mani calde che tenevano le mie. Finì tutto in fretta quella mattina e tornammo a casa nostra.
Non ero più la stessa. Arrivarono i miei genitori per starmi vicina, ma ripartirono dopo un paio di giorni. Io non mi sentivo bene, non volevo stare sola in quella casa, avevo una strana sensazione e non volevo che mia madre partisse. Il mio sesto senso ancora una volta cercava di mandarmi il messaggio: "c'è qualcosa che non va".
Il giorno dopo andai in ospedale con la pretesa di ripetere il test di gravidanza. Nel pomeriggio scoprii di essere ancora positiva. Chiamai il mio ginecologo a Roma che mi diede appuntamento il giorno dopo.
Quella mattina arrivarono in quattro, mi visitarono, rimasero sbalorditi, aspettavo un altro bambino ma si era incastrato in una tuba e avevo una grave emorragia interna, dovevo essere operata d'urgenza.
Persi anche lui, persi una tuba, persi la possibilità di concepire in modo naturale: quella che era la cosa più semplice del mondo, per me sarebbe diventata la più difficile.
Mi crollò il mondo addosso, non mi sentivo più una donna come le altre.
Ma mi impegnai e mi rimboccai le maniche, studiai, mi affidai ai dottori e non persi mai la speranza.
Probabilmente decisi di diventare madre prima di diventarlo davvero, ho pregato, mi sono disperata, ho sacrificato tante cose di me, come la spensieratezza che tanto amavo, ho messo anche a dura prova il mio amore, ma io e mio marito ce l'abbiamo fatta. Abbiamo creato la famiglia che tanto desideravamo. Meno due persone, quei due angioletti che so essere sempre con noi. A volte non trovo qualcosa, oppure faccio dei sogni in cui li incontro

e penso siano loro che vogliono comunicare la loro vicinanza.

Per quando difficile sia stato, abbiamo affrontato tutto col sorriso, l'amore è stata la nostra forza, la speranza uno degli strumenti che ci ha permesso di andare avanti ogni giorno e di superare il dolore. Ma non potremo dimenticarli mai, nonostante la nostra attuale felicità. Saranno per sempre i nostri figli anche se non possiamo abbracciarli, anche se non abbiamo potuto conoscerli e non li potremmo vedere mai.

A.

TRENTASEIESIMA LETTERA

CIAO ELIA

Elia. Così tu.
Ho sempre saputo... Elia.
Sono certa.
Saresti stato Elia.
"Signora, ha fatto colazione?", "Peccato, altrimenti potevamo farle subito il raschiamento", "Non c'è più battito, ho guardato bene. Eh, va beh dai. Ok arrivederci".
Tutto risuonava nella mia testa come parole sconnesse. Impietrita nel lettino. Gli occhi di chi diceva di amarmi completamente assenti. Persa. Ho perso. L'ho perso. Vi ho perso.
"Signora, non vorrà mica i resti del raschiamento. In fondo era solo di 6 settimane. Non era nulla".
Nulla? Tu invece sei stato.
"Sono incinta. Ma come? Subito. E ora?"
Elia. Sei arrivato così. Desiderato. Nemmeno il tempo di pensarlo e già esistevi dentro me. Le paure, i dubbi. Ma tu eri lì, con una forza così forte che ha fatto vacillare la mia.
"Beh, strano signora. Era ben impiantato, può succedere. È il primo, succede a molte. Dai, ci riproverete".
No. Non ci abbiamo riprovato. Ho perso te e lui.
"Beh, meglio così. Che non hai avuto il bambino. Alla fine saresti rimasta da sola. Un figlio con lui. Meglio così".
Dove ho trovato la forza? Forse mi hai lasciato tutta la tua forza che avevi tu di nascere.
L'ho trasformata. Sono sopravvissuta. Segnata. Per sempre.
Dove sei?
"Signora, si parla di pochi centimetri. C'era un battito sì, ma non è un feto".
Mai sentito vita più viva di te.

Elia, tu sai tutto. La mia mano ti sfiorava dolcemente, impaurita di non poter amarti. Invece quanto amore mi hai lasciato.
Un amore sporcato di dolore.
"Eh, non so forse con tutto quello è successo meglio che mi prendo una pausa. Stai meglio dai. Meglio che sono sicuro di continuare altrimenti meglio lasciarci ora."
Il dolore taciuto. Sminuito. Sorpassato.
No.
"Eh va beh, Ary dai. Non fa nulla. Ti rifarai. Sei forte. Tu. Tu ce la farai anche questa volta"
Si. Sono viva. A volte non so come.
Il tempo.
"Mamma, sì che sono esistito. Lo sappiamo noi".
Mamma. Non piangere, sono lì nel tuo cuoricino". Io vivo.
Elia.

A.

TRENTASETTESIMA LETTERA

CIAO ALICE

Era il 2006 quando a 30 anni con Andrea decidiamo di provare ad avere un bambino. Con tanta ingenuità, forse anche incoscienza, iniziamo a provarci e il mese dopo a fine luglio faccio il mio primo test di gravidanza.
Che dire: lacrime, felicità, paura. Era vero. Il sogno si stava avverando, stavo per diventare mamma.
Qualche giorno dopo il test ebbi una perdita. Terrore. Mi precipitai in ospedale, ma ero ancora troppo indietro, dall'ecografia non si vedeva niente, era ancora troppo presto, l'unica era aspettare. Per fortuna non ebbi più episodi del genere e mese dopo mese la gravidanza procedeva benissimo.
Una bambina, io felicissima anche se mi dispiaceva un po' per mio papà. Noi siamo tre sorelle, la prima nipote femmina e ne stava per arrivare un'altra. Pensavo avrebbe preferito un maschio.
Il termine era fissato al 1 aprile e senza problemi si avvicinarono quei giorni.
Era il 30 di marzo, ultimi controlli in ospedale, visita ok, tracciato ok, vada pure a casa e tutto a posto.
Il giorno dopo era sabato, inizio a far caso che lei non si muove, non ci voglio credere. Cerco di restare calma, ma durante la notte dentro di me avevo già capito tutto. Mi toccavo la pancia per cercare di farla muovere ma niente.
Così la mattina sveglio Andrea e andiamo in ospedale.
L'ecografia non finiva più, poi le parole.
Ma è venuta da sola?
Lì ebbi la conferma, chiamarono dentro mio marito e ci diedero il verdetto.
Vederlo piangere per la prima volta mi spezzò il cuore, quello che rimaneva del mio cuore.
La prima cosa che chiedo io era di poter fare il cesareo, ma mi fu detto di no.

Solo dopo tanto tempo capii il perché.
Era il primo aprile 2007, Alice nacque il 2 aprile alle 18 di sera, bellissima e immobile.
La mia piccola era 3,450g ed era perfetta.
La presi in braccio e passammo un po' di tempo con lei.
Mai saputo cosa sia successo, io mi dico che doveva proteggerci da lassù.
Ora ho due bellissimo maschietti, Marcello e Fabio.
Non sono state gravidanza facili a livello psicologico, soprattutto con il terzo, ma ora sono qua con me e abbiamo sempre lei che ci protegge.

E.

TRENTOTTESIMA LETTERA

DUE ANGELI

La mia storia inizia all'età di 25 anni, quando "finalmente" mi viene diagnosticata l'endometriosi. Mi viene prospettata una fertilità del 17%. A quell'età ero inconsapevolmente fragile. Questa diagnosi ha stravolto la mia vita. Per anni ho pensato di essere sbagliata e soprattutto diversa dalle altre donne, ma almeno sapevo che tutti i sintomi che sopportavo da anni avevano un nome che non era svogliatezza o pigrizia.
Ho incontrato quello che ora è mio marito pochi anni fa e due anni fa, quando ci siamo sposati, ho iniziato davvero a fare i conti con quello spauracchio che mi perseguitava da anni: l'infertilità. Ogni mese a controllare LH, ogni mese i test di gravidanza erano sempre negativi. Non posso descrivere quello che ho provato la mattina del 21 febbraio 2020, quando in uno di quei test sono comparsi due linee. A me? Due linee rosa. Io ero inondata di emozioni: paura, immensa gioia, incredulità. Le mie preghiere, i miei sacrifici, tutti i ginecologi che avevo girato, tutte le notti insonni, i pianti, i rimpianti, i sensi di colpa per non aver fatto funzionare le mie precedenti relazioni e quindi provare prima ad avere un bambino. Tutto non aveva più importanza, tutto aveva un senso! Sono uscita di casa e guardavo il mondo come da un oblò. Non sentivo il freddo di febbraio sulla pelle e anche l'erba mi sembrava avesse una bellezza tutta sua, che quasi brillava. Ho fatto sei test quel giorno per assicurarmi di non vivere un sogno. Ero incinta da un mese, quattro settimane appena. Mio marito pianse a quella notizia così irruenta e meravigliosa e già lo immaginavamo, "chicco di sale", fra le nostre braccia. Mi chiedevo di che colore fossero i suoi occhi e se sarei stata all'altezza di essere sua madre. Il 24 febbraio, le Beta: un incubo. Improvvisamente quel pomeriggio mi è stato strappato via il cuore. Le beta, dei semplici e odiosi

numeri, decidono se tu sei mamma o no. Lì, nero su bianco in un secondo si è fermato il mondo.
Troppo bello per essere vero, troppo perfetto per essere mio. Improvvisamente mi è stata strappata ogni forma di speranza e di vita e di emozione. Come spiegare il calvario che è venuto dopo? Il mondo si fermava per il Covid-19, ma il mio era fermo già da qualche giorno. Ed è rimasto congelato per mesi. Quando a giugno dovetti tornare a lavoro, dopo aver perso il mio bambino e la nonna per il Covid, il mondo è ripartito. Per me era tutto troppo veloce, ma i miei quasi 40 anni mi impedivano di aspettare che la mia anima guarisse del tutto e abbiamo riprovato ad avere un bimbo. Dopo qualche test negativo, ecco che di nuovo compaiono le due linee rosa.
Mi dico, ecco allora non è stato un caso fortuito. Posso davvero procreare. È arrivata la mia gravidanza arcobaleno. Eppure, questa meravigliosa notizia portava con sé l'ansia delle Beta. Il terrore di una nuova notizia di aborto spontaneo. Tristezza, angoscia e gioia scandivano le mie giornate e quelle di mio marito come fossero loro il padrone di ogni cosa. Ricordo ogni notte con risvegli e incubi ricorrenti e la tristezza che queste emozioni non mi facessero godere appieno quello che da anni aspettavo. Ma il sesto senso delle donne è infallibile e anche questa volta, settembre 2020, le beta non erano buone. Nemmeno quattro settimane e nemmeno questa volta avrei potuto affrontare la prima ecografia e sentire il cuore del mio bambino battere. In questa lettera voglio urlare un'Italia che non vuole sentire il grido del mio e del nostro dolore. Il dolore di un lutto che esiste e che non può essere cancellato e superato con banali frasi quali "ci riproverai", "Vuol dire che ci potete riuscire", "Vabbè almeno era solo il primo mese", "vabbè, ma almeno i medici adesso ti faranno fare i controlli giusti", "Non ci pensare" o addirittura il mio medico di base appena assegnatomi: "Ma perché si è messa a 40 anni a fare un figlio?". Perché non se ne può parlare? Perché se con tanta difficoltà si inizia a

descrivere almeno la gioia che si è provata in quel momento, la gente cambia discorso? L'amore che abbiamo provato è reale e persiste, il dolore che ci si porta dentro per i miei due lutti esiste e mi ha cambiata. Non si può pensare che svanisce in una vana speranza che potrò diventare madre. Perché penso sempre che adesso sarei a fare i monitoraggi per il parto per la prima gravidanza. Ad oggi sono in balia di medici che mi fanno tutti gli accertamenti e mi sono data l'aiuto che non ho potuto avere nel lockdown: una psicoterapeuta. Gestire un lutto è terrificante, soprattutto questo, che riguarda solo te e il tuo corpo. Ne sono uscita devastata, mi chiedo chi sono, una madre a metà, una donna a metà. Mi chiedo come si fa a trasformare questo dolore in normalità. Ma la vita è un dono. Non ho molte aspettative rispetto alla maternità, anche se coltivo ogni giorno la mia speranza, fiduciosa che cresca sempre più e che mi dia la forza di essere serena nonostante quest'anno, che seppur difficilissimo mi ha fatto provare la gioia immensa di essere mamma. Una mamma di due angeli.

R.

TRENTANOVESIMA LETTERA

UNA TRAGICA SCELTA

Avrei tanto da raccontare. Vorrei condividere con il mondo intero le emozioni e i pensieri che ho elaborato da due anni a questa parte, da quel 17 agosto 2018, quando ho provato per la prima volta l'emozione di mettere alla luce il mio bimbo, di sentirlo uscire dal mio corpo nel quale era stato al sicuro per otto mesi, di provare l'emozione del parto nonostante fossi consapevole che sarebbe nato morto.
O forse sarebbe meglio dire che tutto è iniziato dal 26 luglio 2018, quando, durante l'ecografia del terzo trimestre, è risultato qualcosa di strano e da quel giorno ci siamo ritrovati a vivere l'incubo peggiore che due futuri genitori potessero vivere.
Le date ce le ho tutte ben impresse nella mente e forse, forse sarebbe ancor meglio ricordare la data del 6 agosto 2018, quando dopo due settimane di ricovero, finalmente è arrivato l'esito della risonanza magnetica fetale: un sacco di parole e termini tecnici per dire che erano presenti gravissimi problemi a livello cerebrale. Era come se una parte del cervello fosse stata distrutta. Ancor oggi, non so spiegare bene cosa avesse. So solo che in quel momento il mondo ci è improvvisamente crollato addosso e lo sconforto e il panico che ho provato, sono qualcosa di inspiegabile.
A quel bambino che tanto avevamo desiderato e che eravamo pronti ad accogliere tra le nostre braccia, all'improvviso a quel bambino rimanevano solo tre tristi possibilità: morire prima della nascita, morire poco dopo la nascita o restare a vita in stato vegetativo.
Quello che è successo dopo è anche quello che mi frena dal raccontare totalmente e a pieno la mia esperienza. Ci siamo dovuti trovare di fronte a una scelta tragica a cui nessuno si dovrebbe trovare. Il nostro paese non poteva

darci nessuna risposta, nessun aiuto. La sua protezione finiva lì. Con le sole nostre forze, abbiamo raccolto informazioni, abbiamo trovato un coraggio che non pensavamo di avere, ci siamo organizzati e siamo partiti con la speranza che in un altro paese avrebbero potuto aiutarci. Ma nonostante la speranza fosse tanta, ancor più era la paura di non farcela, il tempo era poco, essendo a fine gravidanza e stavamo andando incontro a qualcosa che ci era totalmente ignoto. Nonostante la scelta che abbiamo preso abbia normalmente bisogno di riflessione, noi non potevamo permettercela. Non avevamo scelta, dovevamo essere decisi e convinti, coraggiosi e fiduciosi. Questo credo abbia fatto la differenza per come abbiamo affrontato il lutto poi.

E in quel paese abbiamo trovato l'aiuto e l'amore che mai e poi mai nel nostro paese si potrebbe trovare di fronte a una scelta così. Abbiamo trovato angeli capaci di capirci e rendere la nostra esperienza meno dolorosa, ci siamo sentiti a casa in un paese dove la barriera linguistica è stata spazzata via dal linguaggio del profondo sentire del cuore. Ottobre è il mese della consapevolezza del lutto perinatale. Ci sono tante mamme che affrontano una perdita. Ma io, purtroppo, mi sento ancora esclusa e sola nel dolore che ho provato.

In un paese come l'Italia, fare una scelta del genere non è facile. È un taboo parlarne e, nonostante hai affrontato un dolore grande, sei sempre soggetta a giudizio, quando non dovresti mai esserlo di fronte a una situazione così.

Io, ogni volta ne ho occasione, racconto senza problemi la mia storia, un po' perché ne ho bisogno, un po' per sensibilizzare le persone. Mi sono sentita giudicata da persone a me molto vicine, ma per fortuna questo non mi ha influenzato, anzi, mi ha fatto riflettere.

Non posso biasimare chi si trova in difficoltà ad ascoltarmi o crede sia meglio io non ne parli e dimentichi, come se si potesse dimenticare. Sono argomenti cui non si è abituati sentire, parlare, riflettere. La colpa non è loro.

Da quando è nato il mio bimbo arcobaleno a marzo, mi è venuta una gran voglia di essere d'aiuto a chi si trova a vivere la mia situazione. Ma semplicemente non saprei come fare, l'omertà sull'argomento rende difficile per queste persone esporsi e venire alla luce. Avrei ancora tanto da raccontare, racconterei persino i piccoli dettagli che ricordo e custodisco con me. Ma ho anche pian piano imparato a non parlarne più, perché più il tempo passa più chi ti sta attorno si aspetta da te che sia tutto superato e dimenticato. Solo chi ha vissuto questa esperienza sa bene che non si può dimenticare, che certo, il dolore pian piano svanirà, ma il ricordo rimarrà per sempre. È qualcosa che ci ha cambiato, ci ha arricchito, ci ha reso quello che siamo e ormai fa parte di noi. Non potremmo più farne a meno, non potremmo più essere le stesse senza.

G.

QUARANTESIMA LETTERA

PUNTINELLO E ALICE

Siamo Giorgia e Andrea, marito e moglie.
15 anni fa siamo stati anche conoscenti, poi fidanzati, poi conviventi e poi sposati, il 6 luglio 2014. Inconsci ed ignari della croce che ci portavamo appresso.
Scopriamo, un anno dopo il matrimonio, grazie ad una Pneumologa illuminata dell'Ospedale Molinette di Torino, di essere rispettivamente un malato atipico di Fibrosi Cistica (Andrea) ed una portatrice sana di Fibrosi Cistica (Giorgia) e contestualmente apprendiamo di avere 1 possibilità su 4 di generare un figlio malato di questa patologia. Velocemente veniamo catapultati in un mondo di numeri, di probabilità, di nomi mai sentiti prima e subito interiorizzati, di morte che minaccia la vita. Ma il nostro sogno di mettere su famiglia non muore, quello è l'enzima che ci fa muovere, che ci rende liberi, perché i nostri sogni ci rendono liberi, sempre.
Così iniziamo a credere nella fortuna, nel fatto che la Vita debba renderci qualcosa, che sia in debito con noi: il 7 luglio 2016 scopriamo di aspettare Puntinello (era un Puntino nella mia pancia), siamo felici, increduli, spaventati. Il sogno di vedere il suo viso si infrange il 23 agosto 2016, a seguito di un aborto spontaneo, avvenuto a Cagliari, in vacanza. Il senso di abbandono, la rabbia, le lacrime, sono uno dei ricordi più strazianti di tutta la nostra esistenza. Lui è la stella più luminosa, anzi non è luminoso, lui è discreto, ci diciamo guardando il cielo.
Ma non smettiamo di credere nella Vita, di sognare un mondo azzurro, perché noi volevamo un maschietto, brillante e buffo. Il 25 dicembre 2016 concepiamo Tommaso e scopriamo di aspettarlo il 12 gennaio 2017: felici. Stavolta arriviamo alla fine, il debito della Vita cresce, e mò basta. Esami, villocentesi, attese estenuanti: c'è, è con noi, sta bene, è maschio, è Tommaso. Nasce il

14 settembre 2017, riempendo ogni spazio libero del cuore, e diventando l'odore più insistente del mondo, il suono più riconoscibile dell'universo, la stanchezza umanamente meno sostenibile di tutti i nostri 31 anni di vita. Ma siamo 3, il numero perfetto, ce l'abbiamo fatta!
E poi arriva Alice.
ALICE.
L'abbiamo concepita, dopo una folle litigata, il 19 novembre 2019, e abbiamo scoperto di aspettarla il 5 dicembre 2019. Ho sempre sentito fosse Lei, proprio Lei, Alice. Io ci credo, anche stavolta, ci credo e non mollo.
Esami, villocentesi.
27 gennaio 2020 - lei c'è, è appesa alla vita, ma insieme a Lei c'è anche la Fibrosi Cistica. Nel frattempo, sono 13 settimane. Il buio, il logorante suono del Dolore, quello più acuto che un essere umano possa provare e che non credo di saper descrivere più dettagliatamente di così. Avete voluto rischiare, e adesso ecco il conto. Senso di colpa, ora Lei morirà, a causa nostra e per mano nostra.
E così è stato, il 30 gennaio 2020 lei non c'era più.
Il 14 febbraio 2020, il giorno dell'amore, vado a ritirare l'esito della villocentesi: cariotipo femminile normale. Era Alice per davvero. E piango di Gioia, come se lei fosse ancora con me.
Per ritirare l'esame mi fanno firmare un registro, c'è scritto il mio nome in stampatello, io mi chiamo Giorgia Alicia, ma lì c'è scritto Giorgia Alice. Unite, un nome solo, una persona sola. Non credo sapremo mai dirle grazie e scusa per esserci stata, per averci insegnato e continuare ad insegnarci che non dobbiamo smettere di cercare la via giusta, la strada per noi.
Ora noi siamo sempre 3 più 2, e ci crediamo ancora.

G. e A.

QUARANTUNESIMA LETTERA

LA STORIA DI A. E C.

Sono L. e il 23 marzo 2020 ho perso tragicamente i miei gemelli A. e C. Ho avuto una gravidanza apparentemente normalissima, accompagnata da controlli ravvicinati ogni due settimane, poiché era una gravidanza gemellare monocoriale, cioè caratterizzata da una sola placenta e due sacche, per cui i miei bambini erano identici.
Il cesareo era programmato per i primi di aprile, le ultime settimane avevo ricominciato a soffrire di nausea, vomito e bruciori di stomaco fortissimi. Prendevo l'omeoprazolo come consigliato dai medici, ma ad ogni visita mi lamentavo di questo aspetto, perché era davvero terribile. I medici però mi dicevano che era normale, specie con una gravidanza gemellare. La sera del 22 marzo mi reco in ospedale perché sento che i movimenti dei miei bambini sono molto ridotti, qualche ora prima avevo chiamato il PS e mi era stato detto di stare tranquilla perché avevo appena fatto la visita e poi: "c'è il Covid signora, se non è strettamente necessario non venga perché è rischioso".
Alla fine, decido di andare, vengo visitata e mi dicono che è tutto ok, il battito è presente per entrambi, parametri nella norma. Mi viene messo il monitoraggio e poi ripetuta una seconda visita. Quella sera il PS ostetrico era praticamente deserto, nessuna donna che partoriva o in travaglio, solo una dottoressa di turno che ad un certo punto mi dice: "La teniamo per la notte in osservazione e domani torna a casa".
Sono le 3 e qualcosa, sto dormendo quando arriva una dottoressa diversa da quella precedente che mi porta con il letto direttamente in sala parto dicendomi che devo partorire subito. Neppure il tempo di capire cosa sta succedendo che l'anestesista mi sta facendo l'epidurale, il clima è teso, sono tutti nervosi, urlano ai neonatologi di muoversi. In pochi minuti i bambini nascono, ma io non

sento piangere e chiedo il motivo. Dopo quel momento non ho più ricordi nitidi, il nulla o quasi, credo mi abbiano dato un calmante in dosi da cavallo. Ad un certo punto mi portano A. e me lo mettono in braccio, mio marito dice che ci hanno spiegato che era nato morto, ma io non ricordo se non qualche frammento. Nel frattempo, C. è stato portato in terapia intensiva neonatale, non sta per nulla bene, ma questo non mi viene detto subito. Le ore passano ed il mio stato confusionale continua, anzi peggiora, sono rallentata, dico frasi sconnesse e ogni tanto mi cade la testa in avanti, mio marito mi ha raccontato che avevo anche l'ittero. In attesa di ricevere riscontro degli esami del sangue mi mettono su una sedia a rotelle e mi portano in TIN da mio figlio con mio marito. Anche in questo caso ho solo qualche piccolo ricordo, ma so di non averlo potuto tenere tra le braccia perché non ero nelle condizioni, continuavo a cadere in avanti. Quella sarà la prima e unica volta che lo vedrò perché verrà a mancare la sera stessa tra le braccia di mio marito.
All'arrivo degli esami del sangue sono stata portata in terapia intensiva, dove ho trascorso circa una settimana, avevo sviluppato una grave preeclampsia con sindrome di HELLP. Ho dovuto subire anche un secondo intervento per emorragia interna.
Tra i sintomi della preeclampsia c'è anche la possibilità di sviluppare un edema polmonare che ai tempi del Covid non era visto di certo di buon occhio. Per non farmi mancare nulla, sono stata trasferita in terapia intensiva Covid, dove sono stata sottoposta a due tamponi risultati negativi. Avevo perso i miei figli, iniziavo ad essere di nuovo lucida dopo qualche giorno di terapie e rischiavo di morire sia per la patologia che avevo sviluppato sia per il rischio di contrarre il Covid. La mia degenza ospedaliera è stata di circa diciotto giorni in cui ad un certo punto non ho più neppure potuto vedere mio marito. Ero sola, loro non c'erano più, ero disperata, avevo il cuore spezzato, ero lontana dalla mia famiglia. Sono precipitata in un baratro,

ma sto cercando la forza di andare avanti, sto cercando di prendere quel limone aspro che la vita mi ha donato e sto cercando di farci qualcosa di simile ad una limonata. Sto trasformando il dolore in qualcosa di positivo sperando che la mia vita per il futuro mi riservi qualcosa per cui valga ancora la pena sorridere.

L.

QUARANTADUESIMA LETTERA

CIAO VIOLA

Sono passati più di tre mesi da quando Viola non c'è più e il tempo si è dilatato. Le giornate sono passate tra i ricordi dei cinque mesi passati ad aspettarla e la settimana in cui abbiamo avuto la diagnosi e tutto è cambiato. Spesso mi capita di pensare a come ero prima, in realtà ho un ricordo vago e sbiadito di com'era la vita senza di lei e sicuramente so che non sarò mai più la stessa. Con l'arrivo di Viola, così tanto atteso e voluto, proprio all'inizio del lockdown, che preoccupava tutti, ho scoperto una gioia e un amore incondizionato verso la mia bambina e verso mio marito. Pensavo di essere già molto felice, ma con lei che cresceva e cominciava a muoversi e a farsi conoscere, la mia gioia aumentava e sentivo allo stesso tempo di riuscire ad affrontare tutto con uno spirito diverso, con un coraggio e una forza maggiori, che sapevo che venivano solo da noi, dalla famiglia che stavamo creando.
Poi il 13 luglio, una visita di routine ha rivelato una realtà diversa, tutto si è fermato e così anche il tempo ha cominciato a fluire in modo diverso. Perdere la mia prima figlia ha cambiato improvvisamente anche il senso che davo a certe parole. Crudeltà, paura, senso di colpa, dolore, lutto hanno avvolto il mio corpo e la mia anima, ma al tempo stesso anche le parole amore, mamma, coraggio, famiglia hanno acquistato un significato e un valore ancora più grande. No, non sarò più la stessa persona di prima, ma sono contenta di non esserlo. Essere passata da quel dolore così grande e essere consapevole che devo ancora attraversare tante fasi del lutto, mi rende sicura del fatto che guardo il mondo con occhi diversi e che il mio cuore e quello di mio marito conserveranno per sempre uno spazio tutto per lei.
Il giorno prima di partorire, presa dalla paura del dolore del parto, cercavo di passare il tempo infinito di attesa

sfogliando nervosamente una rivista, finché mi sono bloccata nella recensione di un libro: Viola giramondo, una bambina coraggiosa e felice con tante avventure da vivere. Penso che ricorderò sempre così la nostra Viola giramondo, bellissima con i riccioli scuri del babbo, avventurosa e felice della vita che in realtà non ha potuto avere, con la mamma e il babbo che l'aspettano a casa. L'amore che nostra figlia ha portato nelle nostre vite resterà sempre con noi e il dolore, che cambierà, sarà sempre come una fitta crudele al cuore, che ci ricorderà la nostra piccola e grande Viola.

R.

QUARANTATREESIMA LETTERA

LA STORIA DI AURORA

Abbiamo scoperto di aspettarti a fine estate, un'estate trascorsa tranquilla e spensierata tra ferie, weekend al lago e serate tra amici. Aspettavo il ciclo per i primi di settembre, ma quella volta non avevo i miei soliti sintomi preciclo, così, quel sabato mattina decido di fare un salto al supermercato e comprare un test. Era il 7 settembre ed appare una seconda linea chiarissima. Leggo su vari forum che anche se la seconda linea è chiara, il test è positivo, ma bisogna rifarlo nei giorni a seguire. Bene, ne compro un altro, e poi un altro ancora. Insomma, non convinta ne provo uno con la scritta digitale e leggo "Incinta 2-3". Ho letto e riletto varie volte quella scritta, ero incredula, non mi sembrava vero.
Il 25 settembre, dopo una giornata a lavoro tra ansia e impazienza, mi siedo su quel lettino, la prima ecografia. Finalmente eccoti, è tutto vero, una macchia bianca attaccata a me, eri tu! Pochi millimetri ma c'eri e saresti nata a maggio, il mese delle rose, tu la più bella tra tutte.
I mesi passano in fretta, non ho nausee, nulla, sono al pieno delle forze. Nelle varie ecografie ti vediamo agitare i pugnetti e sgambettare. Io sono sempre tesa prima della visita dal ginecologo, ma appena sento il tuo cuoricino battere all'impazzata torna il sereno. Arriva dicembre e la morfologica, va tutto bene e sappiamo che sarai una femminuccia. Inizio a comprare tutte le tue cosine, tutto rosa e sbrilluccicoso; prepariamo la tua cameretta, il papà monta la cassettiera nei fine settimana ed io decoro le pareti con tanti animaletti e mongolfiere colorate. Decidiamo il tuo nome, Aurora, un nuovo inizio, splendente e luminoso, nelle nostre vite.
Inizio a sentire i primi colpetti, soprattutto la sera. I biscotti al cioccolato ti piacciono tanto e spesso io e il tuo

papà immaginiamo i tuoi lineamenti e fantastichiamo sulle cose da fare con te. Non stiamo nella pelle.
A febbraio sono già al settimo mese, caspita questa gravidanza è proprio volata! Lavo e stiro tutte le tue cosine, uno stendino tutto rosa! Preparo la valigia, perché dal settimo mese non si può mai sapere e fotografo tutto, persino le valigie. La sera mi piace incollare tutte le foto nell'album ricordo della gravidanza, scrivo tutte le date, tutti i dettagli. Non voglio dimenticare nulla di questo splendido viaggio insieme, il nostro miracolo.
Arriva marzo e scatta il lockdown per il Covid19; mi sento al sicuro solo a casa e penso che finché sarai dentro di me non potrà accaderti nulla di male. Il papà lavora da casa e non staremo più sole solette tutto il giorno come era stato nei mesi precedenti, meglio così penso, almeno se partono le contrazioni non sarò da sola. Ormai il pancione è bello ingombrante, tu ti muovi tanto, sei la mia ballerina e tutti ci chiedono come stiamo e se si smuove qualcosa.
Ecco l'ultima visita, siamo a fine aprile, il ginecologo stima un bel peso e mi fissa due monitoraggi settimanali a maggio. Faccio i primi due e vanno bene. Mi fissano il terzo a 40+4 ma io sto bene, non ho dolori, non ho mal di schiena, nemmeno i piedi gonfi. Sono tanto impaziente di vederti, di stringerti a me e lo ripeto tutte le sere al tuo papà mentre mi spalmo l'olio di mandorle e accarezzo con gratitudine il pancione, che sento mi mancherà tanto.
Venerdì, sono a 40+1, mi sveglio di cattivo umore. Durante la notte non ti eri fatta sentire e nemmeno la mattina; alle 6 mi svegliavi con i tuoi colpetti, ma stavolta nulla. Mi alzo e faccio colazione con i tuoi biscotti preferiti, aspetto sul divano ma tutto tace. Si sveglia il papà e gli spiego che sono preoccupata, già la sera prima ti avevo sentita poco e adesso niente.
Andiamo al Pronto Soccorso ma già nel tragitto avevo un brutto presentimento. All'entrata mi chiedono il motivo di quella visita ed io, quasi piangendo, dico che non ti sento muovere. Arrivati al macchinario del monitoraggio non

trovano il battito ed io non faccio che ripetere "lo sapevo" "lo sapevo"; l'ostetrica mi dice "tranquilla, forse è questo che non lo rileva, andiamo all'ecografo"; mi alzo, prendo le mie cose e la seguo tra i corridoi pieni di mamme in attesa di fare il monitoraggio. Io ero lì tre giorni fa, inconsapevole del disastro che mi avrebbe travolto, vorrei urlare, scappare, ma seguo l'ostetrica. Davanti l'ecografo si raggruppano vari medici, li sento bisbigliare tra loro ed io continuo a dire che "lo sapevo" "me lo sentivo". Ci dicono che spesso la causa non si trova o se si trova serve ad intervenire in gravidanze future. Vedo piangere il papà a dirotto dietro la mascherina, fissando il monitor. Io invece non riuscivo a piangere, ero in trance, mi sembrava tutto così irreale, un incubo. Chiedo il cesareo ma mi dicono che per la mia salute è meglio il naturale. Ormai sono un pupazzo, non capisco nulla. Mi danno un letto e dalle 13 iniziano con l'induzione. Passo il pomeriggio e i dolori da ciclo fissi diventano sempre più forti. Sento il sacco che si rompe ed iniziano i dolori veri. Mi contorcevo sul letto ma non vedevo l'ora di partorire perché volevo vederti, volevo capire cosa fosse successo nel posto che credevo il più sicuro ma che invece era diventata la tua tomba.

Alle 22 mi fanno l'epidurale e alle 23:59 nasci, dormendo. Non ci sono nodi nel cordone, non hai nulla attorno al collo e la placenta è perfettamente attaccata. Sei calda, morbida e profumata. Ti stringo a me, ti bacio e tra le lacrime riesco solo a dirti "mi dispiace" Stiamo insieme solo dieci minuti, ma ti guardo in ogni dettaglio. Hai i piedini e le manine uguali al papà; le sue labbra, rosse e carnose e le mie guanciotte. Sei proprio come ti avevamo disegnata nei nostri sogni più belli. Tre kili e mezzo in 52 cm di perfezione, la nostra bella addormentata.

Dopo due mesi ci hanno detto che vari trombi nel cordone e nella placenta ti hanno tolto l'ossigeno. Trombofilia acquisita, senza sintomi o preavviso e con le analisi sempre perfette è arrivata in silenzio e ti ha portata via.

Me la sono presa con il mio corpo, che doveva proteggerti invece ci ha separate per sempre. Ho iniziato a piangere dopo una settimana, quando ho realizzato che la mia pancia era vuota, così come le mie mani e che non ti avrei rivista mai più.
Tornata a casa non riuscivo nemmeno a guardare i piedi del tuo papà perché mi ricordavano i tuoi ed iniziava un pianto doloroso e inconsolabile. Io e la nonna abbiamo sistemato nei cassetti tutte le tue cose, non saprò mai come ti staranno, che voce avresti avuto e il colore dei tuoi occhi. Tutto questo mi fa male dentro e mi toglie l'aria. Sono passati 6 mesi e dal quel venerdì di maggio non mi sento più io. Come se qualcosa si fosse rotto per sempre, forse il mio cuore. Non c'è giorno in cui non ti pensi. Sei esistita per nove mesi dentro di me e sei stata il nostro sogno più bello. Mi manca tutto quello che non saremo, né faremo mai. Mi sento monca, orfana, triste e spenta. Anche se sorrido, un minuto dopo torna quella tristezza e malinconia in sottofondo. Ogni settimana veniamo a trovarti al cimitero e mi commuovo sempre quando vedo tutte quelle girandole colorate muoversi insieme con il vento. Mi piace pensarti insieme a tutti quei bambini, felici di ricevere visite e giocattolini nuovi. La sera entro nella tua cameretta ed accarezzo l'impronta della tua manina sul gesso, mi sembra di toccarti così, in qualche modo. Il silenzio della casa è assordante e insopportabile. Grida la tua assenza, amore mio. Mia dolce Auri, ovunque sei adesso, mamma e papà ti amano fino a lì e lo faranno per sempre.

V.

QUARANTAQUATTRESIMA LETTERA

CIAO TOMMASO

Il mio sogno da bambina è sempre stato quello di costruirmi una famiglia ed anche molto numerosa, forse perché essendo cresciuta con il nonno ho sempre desiderato dare ai miei figli quello che non ho ricevuto dai miei genitori.
Tralasciando la mia infanzia e tutto ciò che mi ha segnato. All'età di quasi quarant'anni, esattamente il mese prima, luglio 2017, incontro l'amore della mia vita, non so come spiegarlo, ma ogni volta che guardavo quello sguardo, capivo che era lui che stavo aspettando. Entrambi ne arrivavamo dal fallimento matrimoniale, lui senza fiducia nel genere femminile ed io invece con la consapevolezza che l'amore era differente.
Nei week end veniva a casa mia e la domenica quando rientrava a casa sua, viveva temporaneamente con i genitori perché stava ristrutturando casa, mi sentivo non completa, i miei cani stavano dalla porta come se aspettassero che rientrasse.
Natale 2017, avevamo entrambi le ferie lavorative così senza neanche specificare tanto venne a casa mia. Senza neanche dircelo iniziò così la nostra convivenza, in modo sempre molto spontaneo, data l'età eravamo già adulti, ci siamo detti, proviamo.
Il suo regalo di Natale fu il più bello che potessi ricevere. Era un disegno colorato da lui con i simboli di vari posti d'Europa con scritto un viaggio dove vuoi per noi. Mi disse: questo lo appenderemo nella cameretta.
Febbraio 2018 la sorpresa: test di gravidanza, incinta di due o tre settimane. Gli scrissi nel quadretto regalato da lui: adesso il mio mondo siete voi.
Il mio cuore scoppiava di gioia, non sono mai stata così felice, ero innamorata ed aspettavamo un bambino.

Bitest non andato molto bene, ma dicevano che è un esame statistico e per mia tarda età era normale, mi consigliarono comunque di fare altri esami tra cui anche un'ecografia al cuore del bambino ed andò tutto bene. Mi dissero di fare la amniocentesi quando sarebbe stato il periodo.
La mia pancia iniziava a crescere e facevamo progetti, avevo paura a dirli ad alta voce, era un maschietto. Già lo immaginavo con gli stessi occhi di suo padre e le ciglia lunghe come le sue. Sulla sua prima minimoto e suo papà che gli insegnava. E poi da grande in giro con lui con la loro passione. Mi sentivo già mamma, gli parlavo tanto, cantavo canzoni e quando avevo delle voglie il papà le soddisfaceva nell'immediato. Eravamo davvero felici. Non esistono parole per descrivere quante emozioni ho vissuto.
Ne conservo una in particolare: era un sabato, mi stavo vestendo, lui esce dal bagno mi guarda e con gli occhi che brillavano dice: "Come cresce questa pancia è tutta tonda..." mi prese e mi fece ballare.
Maggio 2018: amniocentesi. Sdraiata senza guardare l'ago e facendo respiri lunghi, ma ero rilassata, il mio pensiero fu solo che il mio bambino stesse fermo, perché quella mattina era parecchio agitato. Il mio compagno parla sorridendo e dice è una testa di... proprio come te. E tutti a ridere.
Mi dicono: se c'è qualcosa la contattiamo entro venti giorni altrimenti, dopo trenta può venire a ritirarli direttamente.
Rientrammo a casa, lui dovette uscire, ero nel letto ed ero serena.
Il giorno dopo iniziai ad avere un'ansia incredibile, appena suonava il telefono il cuore andava in gola e mi veniva da piangere. Non sapevo spiegare il perché e mi davano della matta ero molto tesa. I giorni passavano e piano piano mi tranquillizzavo.
Ventunesimo giorno
Era il 06 giugno 2018, era il compleanno del mio compagno. Torta ordinata, festa a sorpresa pronta. Ero

euforica, finalmente i venti giorni erano passati e tutto andava bene. Preparo la colazione, pancake fatti in casa, sciroppo d'acero, the verde e caffè, il suo compleanno doveva essere speciale. Facciamo colazione, lavati e vestiti usciamo, lui andava con il padre fuori Genova, sarebbe rientrato la sera, mentre io andavo per compere di qualche vestito premaman. Ero in macchina e lui in moto, mi aspettava ai semafori, come sempre, ridevamo. Poi ci siamo salutati.
Faccio alcune compere, poi volevo andare a ritirare gli esami classici del sangue. Posteggio mentre attraverso suona il cellulare. Sono il dottore. Dico buongiorno, penso che mi chiami per la morfologica, invece. "Signora, dovrebbe venire in ospedale e poi inizia a parlare in termine medico, il cromosoma, il punto, delezione, braccio più corto".
Non capisco, rispondo. Non la voglio sentire. È il ventunesimo giorno aveva detto che, se c'era qualcosa, chiamavate entro il ventesimo.
Crollo, mi siedo su un muretto, non riesco a parlare, ero disperata.
Chiamo un amico, la sua compagna viene a prendermi, cerco di spiegarle, ma non riuscivo, mi accompagna in ospedale, chiedo al dottore che cosa significasse tutto questo, mi dice che mi avrebbe chiamato l'altro ospedale per fare degli esami sul nostro cariotipo, aggiunge forse poi è solo dislessico.
Mi contatta l'altro ospedale, mi dice che l'indomani mattina dovevamo essere lì per il prelievo e che mi avrebbe anche contattato i genetisti di un altro ospedale specifico dei bambini.
A quel punto non posso più rimandare, devo chiamare il mio compagno perché deve prendere festa. Respiro, compongo il numero. Cerco di non piangere, gli dico che forse non c'è da preoccuparsi, ma scoppio in lacrime.
I miei pensieri erano migliaia, alcuni senza senso.
Il suo compleanno rovinato, era tutto in realtà rovinato.

Inizio a cercare la dicitura del risultato su Google, non trovavo neanche un articolo che parlasse di quello.
La sera rientra, ero in casa di questa coppia, mi abbraccia, poche parole.
La mattina seguente ci recammo all'ospedale, il dottore che firmò l'esito si voleva presentare, lo vidi come un gesto molto umano, mentre il mio compagno capì che era per altro motivo, alla domanda: "Per la sua esperienza?", risposta: "È raro...".
Era un giovedì.
Nei giorni seguenti avevo ancora la speranza, realmente poca, dei nostri esami e aspettavo il lunedì per l'appuntamento con i genetisti.
Era tutto assurdo.
Il lunedì andiamo, entriamo in questa stanza con una dottoressa che scriveva al pc, una con una cartellina in mano, un'altra ragazza con un blocco e un'altra ancora che prendeva appunti. Capisco la formazione, ma in certi momenti deve esserci rispetto e bisogna sapere parlare. Iniziano con le domande, poi cominciano: possiamo rifare l'amniocentesi, un'ecografia tridimensionale poi si può fare. Il mio compagno domanda: "Avete dei dubbi sull'esecuzione dell'amniocentesi fatta o per cosa?". Risposta: "No, l'esame è corretto, ma non abbiamo casi in letteratura di questa anomalia cromosomica."
Spiega tutto quello che poteva avere il nostro bambino, il minimo era il ritardo dell'intelletto, poi si cresceva con varie malformazioni fisiche ed organiche che potevano essere già presenti o in fase di crescita. Non seguivo, sentivo solo il rumore di quella voce, vedevo l'altra che continuava a scrivere su quel pc e non incrociava un minimo lo sguardo, c'era l'allieva che parlottava, l'altra prendeva appunti e questa che parlava. Dicono che stanno aspettando i nostri risultati e che con il materiale nelle loro mani, con le nostre caratteristiche, avevamo il 3% di rischio di incorrere in questa anomalia, meno di altri.

Usciti dalla stanza prendiamo l'ascensore, sale un bambino in sedia a rotelle con la mamma, era fermo, forse poteva muovere solo lo sguardo, mi sembra di ricordare che avesse anche un'apparecchiatura per respirare. Ci siamo guardati e molto probabilmente avevamo avuto lo stesso pensiero.
Mi disse: l'ultima decisione spetta a te. Quale decisione? Sapevo già il suo pensiero ed anche quello della sua famiglia, era stato esposto in tempi non sospetti, il difficile era dirlo e farlo.
Nel pomeriggio, appuntamento dal ginecologo, all'epoca mi fidavo, gli consegnammo la relazione, la lesse e la richiuse e disse basta. Pensai, ma come basta mi aveva anche detto.
"No, non farla la amniocentesi, va tutto bene, siete in una cassaforte dorata, quello che le ha detto di farla non capisce"
Si mette in contatto con l'ospedale per protocollo, mi dice che serve una relazione di una psichiatra. Usciamo e naturalmente paghiamo quei pochi minuti di colloquio.
L'indomani appuntamento con la psichiatra. Anche lei dopo che legge mi dice che non ho altra scelta, ma se avessi bisogno dopo ci loro ci sono. Non capisco. Bisogno di cosa?
Parlai al mio bambino e gli chiesi di non muoversi più, gli chiesi scusa, di quello che sentiva, dei miei pensieri, della mia paura, di quanto mi sentisse piangere, di tutto quello che gli stavo trasmettendo, io che avrei dovuto solo proteggerlo. E così fece, non lo sentii più.
Mercoledì
Era mattino molto presto. Usciamo da casa, saluto i miei cani, la mia pancia era l'ultima volta che la vedevano. Passiamo a prendere il papà di lui, nel tragitto passammo davanti a Palazzo Principe, dove lavora la mia amica e dove quel giorno mi disse compriamo il test e dove avevamo pianto di gioia nel risultato.

Arriviamo in ospedale, saliamo in reparto. L'ostetrica di riferimento, mi aveva detto il ginecologo, mi aspettava. Chiedo di lei. Capisco dal suo sguardo che non sapeva del mio arrivo, mi dice ti accompagno in camera così puoi cambiarti, le rispondo che intanto la sera sarei rientrata a casa, così mi aveva detto il ginecologo, che tra le 4 e le 6, massimo 8 si faceva il tutto. Mi guarda e capisce che davanti ha una ragazza a cui non è stato spiegato neanche a grandi linee il procedimento. Con modo molto gentile ci accompagna in stanza e mi dice prenditi tutto il tempo necessario. Mi siedo sul letto, cerco di non piangere. Il mio compagno aveva lo sguardo in basso, ma si faceva forte perché c'era suo papà.
Vengono a chiamarci per la visita. Entriamo, il dottore dice che deve fare un'ecografia. Sono letteralmente crollata. Non potevo guardare mio figlio sapendo che lo avrei ucciso. Mi sdraio ed inizia con l'ecografo, il mio compagno è al mio fianco.
Il dottore mi chiede che cosa possa fare per me. Non rispondo.
Ritorniamo in camera. Era tarda mattina quando entrano queste candelotte. Ecco, si inizia.
Il mio travaglio durò sino al giorno seguente. È una distruzione mentale e fisica, non era come mi aveva detto il ginecologo.
Non chiusi gli occhi neanche un minuto, la notte non passava.
Giovedì 14 giugno 2018
Era mattina, l'ostetrica riprende il suo turno, aveva gli occhi dolci e sentivo che capiva.
Dopo poco arrivarono i genitori del mio compagno. Lui ne approfittò per correre a casa dai cani e rinfrescarsi, gli dissi vai tranquillo e sperai nella mia mente che tutto fosse successo in sua assenza per non fargli vivere questo.
Entrò una dottoressa con un'altra ostetrica, mi trattò molto male, capivo che mi stava giudicando in modo pessimo e

forse aveva ragione, ma mi stava ferendo e non capiva quello che già stavo provando.

Il mio compagno tornò e da lì a poco iniziarono con l'induzione al parto tramite flebo.

Iniziai a camminare lentamente con lui appoggiandomi, poi sempre più forte, erano dolori diversi da quelli che avevo avuto dall'inizio il giorno prima e durante la notte, sempre più forti. Gli dico che devo tornare a letto perché non riuscivo più a camminare. Mi sdraio ed inizio a muovermi per sentire meno male, come un serpente nel letto. Si rompono le acque, gli dico chiama l'ostetrica, eccola, è arrivata, entra, chiude la porta e sta con noi, mi dice che sono forte, piccola e tosta, il mio compagno conferma, le rispondo che la mia forza era lui. Arriva un'altra ostetrica, che mi aveva protetta la mattina durante la visita, ed una dottoressa, mi dicono che devo spingere, non capisco, come devo spingere, stavo per partorire ed ancora non avevo capito che ero parte attiva all'uccisione di mio figlio.

Ecco un'altra contrazione. Voglio che lui esca, ma arriva talmente forte che mi aggrappo al suo braccio. Dicono spingi forte, ho stretto i denti ed ho spinto con tutta la forza che avevo, ho sentito mio figlio in ogni minino millimetro del suo corpo passare dal mio, non volevo guardare, avevo paura che quell'immagine mi restasse davanti agli occhi per sempre, avevo paura anche di come poteva essere, il mio compagno ebbi la sensazione, poi confermata, che lo vide. L'ostetrica uscì portandolo via, altra spinta, anche la placenta.

Tommaso non c'era più.

Era finita, però pensavo che noi c'eravamo ancora, che potevamo riuscire ancora. mi sbagliavo ed era solo l'inizio...

Uscirono tutti, eravamo da soli, ero vuota.

Nel pomeriggio varie firme, consenso per l'esame citologico del bambino, chiamato feto, se vuole può pensare alla sepoltura.

Ero distrutta, non avevo neanche la capacità di pensare figuriamoci decidere. Dissi a lui mi affido a te, cosa vuoi fare? Mi rispose che se ci fosse stata una tomba sarebbe andato lì ogni giorno. Non potevo fargli anche questo, gli avevo già distrutto il parto, che dovrebbe essere il momento più bello ed emozionante di una coppia, come potevo scegliere qualcosa che lo avrebbe ferito ogni giorno.
Restai in ospedale ancora quella notte.
Il mattino seguente, mi richiedono se avessi bisogno del sostegno psicologico, facevano servizio una volta al mese, risposi che forse sì, ma che volevo andare a casa, il mio compagno era tutto quello di cui avevo bisogno.
In macchina eravamo in silenzio, radio accesa. Ad un cero punto mettono i Queen, The Show Must Go On, lui alza a tutto volume, le mie lacrime escono senza poterle fermare. Sono stati giorni strani, sensazioni ancora più strane, mi sentivo svuotata, ma cercavo di pensare che dovevo rialzarmi.
Dopo due settimane, eravamo a cena dai suoi, con il fratello, la compagna, i figli e la nonna. Forse mi aspettavo di trovare un clima tranquillo e mi aspettavo la comprensione di quello che era successo, che stavamo passando, adopero il plurale perché ancora pensavo che eravamo in due ma, invece, ero sola e non lo dico per cattiveria, ma il suo modo molto razionale non gli ha fatto comprendere la mia emotività e quello che stavo passando. La nonna tira fuori dal sacchetto un vestito premaman, che aveva finito di cucire, che avevo anche già misurato in precedenza. Sgrano gli occhi, lui e la madre mi dicono che devo misurarlo, rispondo di no, insistono perché altrimenti ci rimane male. Non riesco a controbattere, misuro il vestito, la nonna contenta, lui contento, la madre mi dice adesso ti è largo ma con una cinturona.
Ecco, avevo capito che ero da sola. Se avessi avuto la forza morale sarei uscita da quella casa. Poi arrivano tutti. Inizio a versarmi del vino, mi veniva da piangere, ma c'erano i

bambini, l'atmosfera era come una festa, tutti che parlano, televisione accesa, bambini che giocano, tutto mi arrivava come un frastuono, lui che prende in braccio e gioca con il più grande, poi insegue il piccolo. Inizio a sentire caldo, mi manca l'aria, ogni volta vedevo mio figlio in braccio con lui. Deglutisco, nessuno si accorge che stavo malissimo, che era tutto troppo, forse l'unica era la compagna di suo fratello.
Non voglio entrare nel dettaglio di com'è stato il passare del tempo, con frasi poco garbate, non ragionate e con l'indifferenza.
Posso cercare di spiegare quello che stava succedendo dentro di me.
Non mi sentivo compresa, era come se tutti avessero cancellato che mio figlio fosse esistito. Non mi arrivava il fatto che forse non parlandone stavo meglio, perché nessuno si risparmiava a parlare a casaccio. Sentivo solo guarda come i nipoti assomigliano allo zio, tu devi cancellare, intanto stava male, non volevo un figlio così, brava a lei (riferito alla compagna del fratello) che fa i figli belli e sani, era troppo presto, non puoi capire perché non sei madre. Nessuno si domandava come potessi stare. La compagna del fratello era in attesa del terzo bambino, me lo dissero un mese dopo, era luglio, il mio compagno senza tanto pensare mi disse: "Mio fratello aspetta". Nessuno si domandò come potevo sentirmi, nessuno ebbe un riguardo nei miei confronti, nessun gesto o parola è stata pronunciata nei miei riguardi, solo lei che una sera mi disse: "mi dispiace che tu lo sia venuta a sapere così". Forse colpa mia, che continuavo ad andare avanti senza mostrare quanto dentro stavo male.
1 Novembre 2018
Quella mattina decidemmo di preparare tutta la roba per trasferirci in casa sua, i lavori erano finiti.
Era la prima volta che lasciavo casa mia, all'età di diciotto anni mio nonno mancò e quella casa per me, anche se in parte la odiavo per tanti brutti ricordi, ero troppo piccola

per iniziare a vivere da sola ma non avevo avuto scelta, era in ogni caso il mio nido sicuro.
Quando ho chiuso la porta pensavo di riuscire ad iniziare un nuovo capitolo, ero con l'unico uomo di cui mi sia mai fidata così tanto.
Invece tutto in casa sua sembrava precipitare. Pensavo che avere lo stimolo di arredare casa era come costruire qualcosa di nostro e nuovo, invece le direttive erano di altre persone ed anche se non sentivo la frase questa non è casa tua, tutti i gesti le decisioni e altro erano molto chiare.
Penso che il mio malessere non mi abbia permesso di reagire nel modo corretto, mi arrabbiavo in modo errato, ero sempre a dire torno a casa mia, facevo i sacchi con la mia roba e poi li disfacevo.
Avevo tanta rabbia. C'era una promessa fatta in ospedale non mantenuta, di nostro figlio non si parlava, l'unica cosa che sentivo era che era malato. Era tutto razionale. Quando interrompi una gravidanza voluta, amata, desiderata, per quanto sia razionale la decisione quello che poi ti rimane dentro non lo può essere. Ero divorata dai sensi di colpa, per mio figlio, per il mio compagno che gli avevo fatto vivere questo, invece a lui sembrava non importare, mai una parola, un pensiero, mi diceva che ero troppo emotiva che le persone non devono stare attente a come parlare di quell'argomento. Però invece si chiedeva a me di stare attenta ai miei comportamenti, di essere presente a pranzi, cene, ricorrenze della sua famiglia, tutte le domeniche, mi mancava l'aria in quelle situazioni, mi sembrava di esplodere da un momento all'altro, mi riempivo di macchie in volto, il nodo alla gola, cercavo il suo sguardo per cercare appoggio non lo trovavo mai. Tutti felici, tutti che ridevano, tutti che parlavano. Quello che sino a pochi mesi prima era perfetto, dopo il 14 giugno era diventato emotivamente e psicologicamente non gestibile.
Nel mentre a fasi alterne cercavamo nuovamente un bambino.

Giugno 2018 un anno dopo...
Test di gravidanza positivo. Era il 5 giugno. Ho aspettato la mezzanotte, incartato il test con la carta di Winnie the Pooh, per lui aveva un significato. Ecco i miei auguri. Lo scarta, lo guarda, gli occhi che brillano. Eravamo entusiasti, felici. Gli dico questo è un segno di Tommaso. L'anno scorso in questa data eravamo distrutti, quest'anno il tuo compleanno è diverso. Ero sicura che tutto questa volta sarebbe andato bene.
Gli avevo detto che le prime visite sarei andata da sola, avevo già prenotato anche la villocentesi, dato il precedente.
Prima eco: il suo cuore batteva.
Luglio 2019
Seconda eco: "Non trovo il battito, devi andare al pronto soccorso ginecologico".
Esco, lo chiamo piangendo, gli dico che ho chiamato un taxi, mi dice passa a prendermi, scende, gli dico mi dispiace.
Arriviamo, aspettiamo molto poco. Esce il dottore, ancora speravo che la mia ginecologa avesse l'ecografo rotto, no, lui conferma, non c'è battito. Aborto interno alla nona settimana, fissano il day hospital per il giorno seguente.
4 Luglio 2019
Tommaso adesso aveva con sé un fratellino o sorellina.
Posso dire che il dolore è lo stesso. Si vive in modo diverso. È differente interrompere una gravidanza quando già lo senti muovere, però il dolore della perdita è quello
Forse per il secondo non pensavo l'ho ucciso, però è stato un dolore e si andava a sommare ad un anno già pieno.
Sono crollata a distanza di mesi, se non mi ero sentita compresa con il primo, come potevano comprendere a poche settimane? Infatti, è passato come se neanche fosse successo.
Anzi ancora più mancanze. Eppure, le ho avute da donne madri, quelle che dicono solo una madre può capire. No,

penso che solo una persona che abbia della sensibilità ed un minimo di empatia possa capire.
Mi alzavo ogni mattina pensando di dover morire, pensavo di meritarlo, eppure andavo al lavoro, pulivo casa, facevo da mangiare, ma la mia mente era sempre con gli stessi pensieri: è giusto che stia così, ho ucciso mio figlio. Ad ogni dolore pensavo, ecco è un cancro, avrò poco da vivere. Lascio il mio compagno da solo e come farà? Non mi tenevo più, non mi compravo più neanche il necessario, tipo la biancheria. Intanto, pensavo che non avrei vissuto. Tutte le paure finirono a Luglio 2020.
Il mio compagno mi ha lasciata, pochi giorni per tornare a casa mia, mi sono sentita spaccata in due, finita.
Non realizzerò più il mio sogno di una famiglia, ma almeno ho provato questa felicità. Sono stata madre per poco ma lo rimango a vita.

F.

QUARANTACINQUESIMA LETTERA

TRISOMIA 13

Sono sposata dal 2014 con Marco e abbiamo iniziato a cercare una gravidanza da fine 2017.
E finalmente ad aprile 2019 J era con noi. Dopo anni a cercarlo finalmente era con noi, toccavamo il cielo con un dito. Non sapevamo ancora cosa sarebbe accaduto.
Era una calda mattina di giugno quando mi svegliai felice perché avremmo visto il nostro bambino. Avevamo la visita del primo trimestre. Speravo di poter sapere se era maschio o femmina.
Misi i pantaloni premaman presi in negozio, finalmente potevo metter quei vestiti che da anni ammiravo, e la maglietta bianca con la scritta "rock my body". Entrai in ospedale, ero in ritardo, ma ero talmente felice che passò tutto in secondo piano. Entrammo in quella stanzetta e sentimmo il cuoricino era così forte. "Vi faccio tornare più tardi perché non sta fermo e non riesco a prender le misure giuste"
Aspettammo dopo un'ora entrammo di nuovo. "Ragazzi, vi devo far tornare perché si è addormentato, ma non riesco a veder bene. Fate così, bevi un tè così lo svegliamo". Adoravo il tè al limone. Non ho più bevuto tè al limone. Torniamo nello studio, controllano, prendono misure, si guardano, poi chiamano un altro medico. Alto rischio di trisomia13 dicono. Mio marito che sviene alla notizia io che invece caccio indietro le lacrime e chiedo come dobbiamo muoverci ora. Uscendo dall'ospedale crollai, non smettevo di piangere, ero così demoralizzata, non poteva essere vero.
Tornati a casa andammo a fare una camminata visto che era un caldo pomeriggio estivo dove tutto sorrideva, il cielo, la natura, ma a noi in un attimo è crollato il mondo addosso. Non capivamo più nulla, eravamo come due automi.

Una settimana dopo feci un esame approfondito per confermare l'esito. Caso del destino misi ancora quella dannata maglietta bianca. Poi in una calda sera d'estate, mentre ero ancora al lavoro ricevetti la chiamata tanto temuta. Trisomia 13 confermata. "Signora, presuppongono che voglia procedere con l'interruzione. Le ho fissato appuntamento domani con una collega". Ringraziai il dottore e ancora una volta dovetti raccogliere tutte le mie forze. Come avrei dato l'infausta notizia a mio marito? E ai nostri genitori? Salii in macchina con lui, andammo a far la spesa, ma aspettai di esser a casa per dargli la brutta notizia. Ci bastò uno guardo e il mondo si fermò. Ricordo solo un suo pugno contro il muro e le lacrime silenziose che versammo. Fu una delle serate più lunghe e tristi della mia vita. Fatta di chiamate e messaggi. "Non capisco cos'è successo". Queste le parole di mio padre. Un padre che è sempre stato distante, ma da quando gli diedi la bella notizia era molto presente. "Una malattia cromosomica, è destino". Non riuscii ad andare oltre. Mia madre piangeva disperata al telefono e io che le facevo forza. Mia cognata mi ha abbracciata e poi ha detto quella frase che non bisogna dire. "Meglio che l'abbiate saputo prima". Ecco io quella frase non l'ho mai sopportata. Prima di cosa? Noi eravamo già innamorati di quel cuoricino, eravamo già genitori. Noi eravamo proiettati già in una vita a tre.
Le mie amiche, gli amici di mio marito, tutti stretti attorno al nostro dolore.
Tutti che chiedevano cosa potessero fare per darci conforto. Purtroppo non poteva fare nulla nessuno.
Eravamo soli nella nostra bolla di dolore. Continuavamo a chiedere scusa a quel figlio che avevamo creato con un problema. Gli abbiamo chiesto di perdonarci anche se era la sola strada possibile. Interrompevamo quella gravidanza per evitargli tanta sofferenza. La notte non passava e noi eravamo nel letto a guardare il soffitto con le lacrime che scorrevano. Il mattino dopo con tutta la forza che avevo in corpo mi alzai, mi vestii di nuovo con

la maglietta bianca. Guardai mio marito con gli occhi lucidi, era giunto il momento che tanto temevamo, erano le ultime ore di vita del nostro piccolino. Ricordo ancora le sensazioni di quel giovedì mattina: il cielo era plumbeo, proprio come il mio umore. Entrai in ospedale senza dire una parola, persa nei miei pensieri. Quando l'ostetrica mi chiamò in sala visite sperai con tutto io cuore che non ci fosse battito giusto per sentirmi un po' meno in colpa, ma il battito c'era forte e chiaro. Lei iniziò ad illustrarmi la procedura. Ero incredula e allibita, in più a quello che ci era capitato avrei dovuto affrontare una visita psichiatrica per poi poter procedere all'aborto terapeutico (che brutto termine tra l'altro) con un parto abortivo (un altro termine davvero orrendo). Alle 11 feci la visita con lo psichiatra: mi ritrovai nel reparto e mi venne da ridere. Io ero lì mentre i matti erano liberi di girare. L'ostetrica mi disse che avremmo iniziato solo il giorno dopo, perché ormai era tardi, ma io non potevo tornare a casa non per un altro giorno.
Così, vedendo quanto soffrivo decisero di ricoverarmi, anche se era già tardi a loro dire.
Mi diedero una camera in ginecologia e mi fecero gli esami del sangue; quando sentirono che ero digiuna dalla sera prima mi portarono un tè e dei biscotti (più tardi maledii quel tè). Iniziarono con l'induzione tramite compresse vaginali verso le 5 del giovedì pomeriggio, ma i dolori arrivarono alla sera quando un angelo entrò nella stanza. L'anestesista lo conoscevo per lavoro e appena mi vide i suoi occhi si inumidirono. Mi somministrò un medicinale dicendomi di non esitare a chiedere l'epidurale qualora i dolori fossero insopportabili.
I dolori iniziarono a esser forti dopo la seconda dose di prostaglandine verso le 9. Iniziai a stare male, dissenteria e rigettai quel maledetto te caldo. "È normale, è uno degli effetti collaterali dell'induzione" Piegata dai dolori facevo la forte davanti a mio marito e mia madre. Poi Marco uscì dal reparto perché in pediatria era ricoverata la bambina

di un amico. E senza la mia roccia mi sentii persa sola e triste. Ho resistito alcune ore poi alle 11 chiesi la puntura. La nottata trascorse. Dormivo poco ma dovevo riposare, così mi disse l'ostetrica quando mi portò una coperta calda e dell'acqua. Al mattino l'ennesimo controllo. "Silvia ci siamo, ora devi spingere, chiamo tuo marito?". Non volli nessuno in sala parto, nemmeno lui. Ero così convinta di esser forte di poter affrontare tutto da sola. Quanto mi sbagliavo, ma questa consapevolezza l'ho avuta mesi dopo. J è nato il venerdì mattina in un silenzio assordante, non sentivo nulla se non il mio cuore e il ticchettio di un orologio. "Vuoi vederlo?" Scossi la testa.
L'avrei ricordato come me l'ero sempre immaginato, uguale al suo papà.
Se avessi visto le sue malformazioni avrei avuto un ricordo troppo doloroso.
Mi portarono in camera e mi sentii leggera. La giornata passò tra una chiacchierata con mia mamma, una con mio papà e tanti momenti con mio marito. Ci guardavamo e vedevo il suo strazio negli occhi.
Alle 21 spensero le luci del reparto, ero sola con me stessa. Aprii la cartella con gli esiti della villocentesi.
Non li avevo ancora guardati. "Confermata trisomia del cromosoma 13". Un colpo al cuore.
Il giorno dopo, alla mia richiesta di esser dimessa, il ginecologo di turno, pensando erroneamente di farmi un favore visto che voleva tenermi ancora una notte in ospedale, mi propose un cambio di stanza. Voleva darmi una camera più accogliente con il bagno privato, una camera nel reparto maternità. Pensai fosse uno scherzo. Mi accorsi che non era così, pensava proprio di farmi un favore, così ancora una volta raccolsi gli ultimi bricioli di forza che mi erano rimasti e chiesi espressamente di essere dimessa.
Mi rispose in modo sgarbato, credo che quel medico tanto sgarbato potesse essere un obiettore di coscienza, una

piaga della nostra società. Firmai quelle maledette carte e dopo alcune ore ero a casa.
Non mi è mai sembrata così vuota come quella sera, come i giorni e i mesi a seguire. Non capivo. Non mi capacitavo ancora di ciò che era successo.
A distanza di un anno forse non me ne capacito ancora.
Alle volte ancora oggi quando vado oltre con i miei pensieri, quando mi soffermo a pensare a come sarebbe stato, se riapro quella cartelletta per tornare alla realtà. Perché come ha detto qualcuno di se e di ma non si vive. I primi tempi, quando andavo al lavoro, prima di entrare in negozio dovevo raccogliere ogni briciola di coraggio per entrare e affrontare una giornata tra pance, neonati e bambini.
Ci sono notti in cui poggio la mano sulla pancia pensando ancora di sentirlo, ma non c'è nulla. E quindi si va avanti con il cuore incrinato senza un pezzo di te.
Ma non molliamo. Siamo genitori di cielo, prima o poi potremo riabbracciare i nostri figli.
Per ora ci accontentiamo di guardarli tra le stelle.
Erano solo 15 settimane. Per noi erano le 15 settimane più belle della nostra vita.
E anche se J non è qui noi sappiamo amare fin lassù. Ovunque lui sia

S.

QUARANTASEIESIMA LETTERA

ALESSIA E CHIARA

Eccomi qui a raccontare la mia storia...
La voglio gridare al mondo perché possa evitare magari che qualche donna possa passare ciò che ho passato io.
Premetto che ho due bambini stupendi, il primo di 7 anni e la seconda di 3 anni.
Avendo fatto due cesarei, due anni e mezzo fa sotto consiglio della mia ginecologa decido di mettermi la spirale, soffrendo di forti emicranie. Lei mi consiglia di non assumere ormoni come pillole ecc.
Decido di seguire il suo consiglio.
Ma non perché non volevamo più figli.
Era solo per passare un po' di tempo tranquilli, senza rischi, avendo fatto due cesarei. Mi disse che andava tenuta fino a cinque anni e se avessi voluto un'altra gravidanza bastava toglierla.
Dopo due anni, Aprile 2020, ho un ritardo di una settimana, io che ero sempre super precisa. Però eravamo nel bel mezzo di un lockdown: ogni giorno trovare il modo di fare cose nuove e far passare il tempo ai miei figli. Poi stavamo attraversando un momento difficile, mio suocero stava poco bene e abitava sopra di noi, abbiamo vissuto a pieno ogni suo momento.
Pensavo che tutta questa situazione che stavamo vivendo mi stesse portando un ritardo. E così i giorni passavano...
Dopo circa unidici giorni di ritardo sento la mia ginecologa che continua a ripetermi di stare tranquilla, che avendo la spirale inserita sarebbe impossibile rimanere incinta.
Ma io mi sentivo così strana, così il pomeriggio senza dire niente a nessuno sono andata in farmacia. Ero così agitata che all'uscita del parcheggio feci tutta la fiancata alla macchina sul paletto della farmacia. Andavo così di corsa

per fare quel test che doveva confermare quello che io già sentivo dentro di me.
Anche se la mia testa continuava a ripetermi: "Sara, smettila di farti questi film hai la spirale".
Ed eccomi qui, in bagno solo io e questo test. Ecco qui quelle lineette tutte rosa scure. Oddio che emozione, sono incinta.
Ma subito penso ma allora la spirale che fine ha fatto. Corro a dirlo a mio marito. Gli dico devo dirti una cosa e gli metto in mano il test. Vedo gli occhi felici ma nello stesso tempo increduli.
A quel punto chiamo subito una mia amica che ha lo studio dove ho fatto tutte le eco dei miei figli.
Gli spiego tutto e gli chiedo se nel pomeriggio possiamo andare per un'eco.
Era il sabato prima di Pasqua. Lei mi dice di sì, che aprirà lo studio solo per me. Che persone stupende lei ed il marito.
Andiamo, gli racconto tutto, sono sbalorditi quanto noi.
Appoggia l'ecografo e dopo un minuto mio marito le chiede: Tutto bene? C'è?
E lui risponde "Sì sì, e non solo. Sono due".
Due? Oddio, la prima cosa che penso? Questo è un miracolo. Mio marito per poco non sveniva. E la spirale? Stava lì com'era stata messa due anni prima, lì inserita perfettamente. Non si era tolta, neanche spostata, era ferma lì e quei due fagiolini erano proprio sopra.
E così passa Pasqua, ma già il giorno dopo lo diciamo solo ai miei suoceri. Non potevamo trattenere questa notizia solo per noi, era troppo grande. A mia suocera è preso un colpo. Mio suocero: ancora ricordo la sua espressione felice sul viso, soprattutto nel sapere che erano due.
La sua frase ancora la ricordo: la famiglia numerosa è bella.
La settimana dopo andai a fare la prima visita. La mia prima domanda fu: ma la spirale può portare problemi?

Mi venne detto che se veniva tolta sicuramente li avrei perse subito.
E tenerla sarebbe stato rischioso, oppure si sarebbe messa da una parte dell'utero senza dare problemi per tutti i nove mesi.
Io pensai subito no, allora resta lì non potevo perderli già li sentivo parte di me. E poi pensavo che questo era un vero miracolo. Dopo appena un mese abbiamo perso mio suocero, il Nonno Walter.
Quanto ho pianto, mi dispiaceva trasmettere tutta quella sofferenza, ma era davvero un nonno speciale.
Successa questa tragedia, ero ancora più convinta che loro erano arrivati proprio per colmare un po' questo grande dolore e dare un po' di gioia al vostro papà e alla vostra nonna Antonella.
Abbiamo aspettato un po' e lo abbiamo detto al fratellone e la vostra sorellina: l'hanno presa benissimo. Manuel ogni tanto veniva lì e accarezza la pancia e diceva che già sapeva che le loro sorelline erano carinissime. Eh già, due belle femminucce siete. Già vi immagino a giocare con la vostra sorellina Alice.
Il tempo sta passando, la pancia cresce a vista d'occhio e passati i tre mesi già vi sento muovere. Ogni ecografia è un'emozione immensa, due cuoricini che battono dentro di me.
Finalmente abbiamo deciso i vostri nomi: Alessia e Chiara. Alessia come il tuo papà Alessio e Chiara lo ha scelto lui, dal film il Re Leone. Sono così felice che nascerete per i primi di novembre, proprio come me. Che bel regalo, pensavo. È arrivata l'estate, io ho già una pancia grande che sembro di 8 mesi, invece sono appena nel quinto mese. Un giorno come gli altri sono al lavoro, inizio a sentirmi strana, penso che sia stato il the freddo. Torno a casa e mentre ceniamo sento dei doloretti.
Quei dolori non fanno che aumentare, allora decido di andare subito all'ospedale per vedere se andava tutto bene.

Feci l'eco e visita, andava tutto bene, le mie bimbe avevano il cuore che galoppava così mi misero a casa a riposo. Era di venerdì sera. Il sabato stetti a riposo tutto il giorno, ma quei dolori non passavano, infatti mi svegliai alle 2 di notte per andare in bagno e mi accorsi di perdere sangue. Andai di nuovo all'ospedale, mi dissero che dall'ecografia andava tutto bene, che dovevo solo riposare e fare delle punture.

Stetti a casa due settimane a letto a fare punture e andati altre due volte all'ospedale, sempre per le perdite. Mi dissero che sicuramente era la spirale che nel muoversi mi feriva da dentro, per quello perdevo sangue. A me non importava nulla, bastava che le mie bimbe stessero bene.

Poi un giorno decisi di andarmi a visitare privatamente dal mio ginecologo per stare più tranquilla.

È stato stupendo, vi ho visto in 3D, che belle che siete, due visetti bellissimi, stavate così vicine, vi separava solo un sottile strato, impercettibile per voi.

Dopo quattro giorni, mi sveglio con un dolore forte al fianco. Decisi con mio marito di tornare all'ospedale. Era il sabato 1 agosto.

La dottoressa mi poggia l'ecografo sulla pancia e vedo che lo passa così tante volte sullo stesso punto che le dico: "Mi stai facendo male, che c'è?". Vedo I suoi occhi riempirsi di lacrime, mi stava per dire che alla mia bambina sopra non batte più il cuore. Io non ci credo, le dico di ricontrollare bene, che era impossibile, le avevo viste pochi giorni prima e andava tutto bene. Vado in panico, non faccio che piangere volevo urlare, andare via, fare finta che non era vero. Le dico che c'è mio marito che mi aspetta in macchina, ho bisogno di lui. Ma non si può, perché c'è il Covid e purtroppo non può entrare al Pronto Soccorso. Vado ancora più nel panico, non faccio altro che piangere il mio cuore è in frantumi e continuo a ripetermi di stare calma per l'altra bimba, ma non ci riesco.

Alla fine, lo chiamo al telefono, ma non riesco a parlare: ho la gola legata dal dolore, non so come dirglielo, come

posso dargli un altro dolore così grande, già sta soffrendo per il padre. Alla fine, gli dico con voce strozzata, non c'è più battito ad una di loro. Gli dico vai a casa, prendimi qualcosa tanto non puoi entrare qui. Lo sento sconvolto. Mi dispiace, amore, anche per questo dolore, penso dentro di me.
Dopo tremila prelievi e tampone mi portano in stanza. Non faccio altro che piangere e chiedermi perché devo soffrire così, la mia vita non è stata già abbastanza dura crescendo senza genitori?
Poi vedo arrivare Alessio, mio marito, il mio amore mi abbraccia forte, ma non diciamo nulla, siamo sconvolti.
Ho solo un pensiero adesso, andare avanti per salvare la mia bambina.
Il mio ginecologo, il giorno dopo, accoglie me e mio marito per dirci tutti i rischi a cui andavo incontro. Avevo l'anemia, dovevo fare per forza delle trasfusioni.
Ci elencò così tante cose brutte che potevano succedermi, poi gli dico "ma perché è successo?", lui mi risponde che purtroppo la spirale si è posizionata tra le due sacche ed ha provocato lo scollamento di una, per quello il suo cuoricino si era fermato. Proviamo ad andare avanti per quattro giorni, io non riesco a chiudere occhio nemmeno per cinque minuti, penso solo alle mie gemelline. Una sera mi mettono in stanza una donna che aspettava due gemelline come me, ma a differenza mia lei era arrivata con il tempo. E li penso, ma cosa ho fatto di male? Perché lei deve stare qui in stanza con me, ma sono pazzi? Ma non per lei, poverina, ma era come girare il coltello nel mio cuore in frantumi. Piango. piango talmente tanto che mi sento male, non riesco più a respirare, sento il cuore nella gola e mi soffoca. L'infermiera mi porta fuori, mi dice di stare tranquilla, che è un attacco di panico, ma che ne sapevo chi ce li ha mai avuti. Mi chiede se avevo figli, di farle vedere le loro foto. Mi dice che sono bellissimi. Allora guardo le foto e penso, Sara riprenditi, fallo per loro, sei la loro mamma. Faccio un respiro e torno in

stanza. Metto le cuffiette e ascolto una canzone che ho dedicato a voi piccoline mie, Farfalla bianca di Ultimo.
Inizio a perdere liquido ed ecco qui la decisione che era stata presa: farmi un cesareo perché stavo mettendo a rischio la mia vita. il mio ginecologo mi disse che c'era il rischio che io perdessi anche l'utero essendo un terzo cesareo su un utero non pronto e avendo finito appena il quinto mese.
Ormai non mi importa di nulla, ma solo delle mie bambine. Arrivo in sala operatoria. Ho così tanta paura, allora chiedo di essere addormentata. Mi svegliano, c'è anche Alessio vicino a me, io sono sconvolta, non capisco nulla, mi parlano, ma sembra che sono intontita. Mi dicono che la bimba non ce l'ha fatta, era troppo piccola. L'infermiera mi chiede se voglio vederla. Io ad istinto dico no, ho paura di sconvolgermi, le chiedo se è carina. Ero rimbambita dall'anestesia, perché ho detto no? Perché non mi hanno dato modo di riprendermi un attimo? Forse lo fanno per il mio bene, per staccarmi subito dalle mie bambine?
Torno in stanza vuota ed è così che mi sentivo, vuota, dentro al cuore e fisicamente.
Il giorno prima avevo le mie bambine ed ora non ho più nulla. Mi dicono che il mio utero è salvo, è andato tutto bene. Ma che bene, io non ho più le mie gemelline, non è andato niente bene. Per riprendermi ed alzarmi ci ho messo tanto, avevo il seno già pronto per allattare, il mio corpo era pronto per le sue bambine, ma io non le avevo più.
Ho firmato per uscire prima perché in ospedale non facevo altro che piangere, pensavo che tornando a casa dai miei figli mi sarei ripresa prima. Torno a casa, mi dà gioia vederli, i miei amori. Alice mi guarda, come se avesse paura di me, ero ridotta malissimo. Manuel mi accarezza delicatamente la pancia, forse ha paura che mi facesse male. Ma che illusa che sono stata, il dolore era troppo grande. Più grande di me. Mi sentivo in colpa di aver abbandonato le mie bimbe in ospedale, mi sentivo in colpa per non averle protette nel mio grembo.

Il tempo passava e le persone mi dicevano: "Dai, che ne hai altri due", "Pensa a chi li perde dopo", "Pensa a chi non ne ha nemmeno uno di figlio, almeno tu li hai".
Adesso basta, sono stufa di pensare sempre a chi sta peggio, questo è il mio dolore, la mia perdita e voglio soffrire come voglio io.
In quei momenti non ho capito nulla, non sapevo cosa mi stava succedendo, che fine avrebbero fatto le mie bimbe ero sotto chock. Piano piano che i giorni passavano, il mio cervello iniziava a ragionare e pensare a loro, dov'erano? Mi guardavo allo specchio, mi vedevo la ferita, ma con me non avevo nulla. Niente per poterle piangere, come se non fossero esistite.
Un giorno mi capitò la notizia delle croci bianche. Iniziai a pensare "Oddio, e se anche le mie gemelline fossero state seppellite?".
La domenica andammo a Prima Porta a trovare mio suocero, mia madre e mio padre e dissi ad Alessio se mi portava a vedere queste croci bianche. E guarda caso erano proprio lì le croci, sotto mio suocero. Iniziai a leggere tutti i nomi come una pazza, ma niente, non c'era nessuna croce con il mio nome sopra.
Il giorno dopo scrissi al mio ginecologo per sapere se era possibile una cosa così e lui mi disse che se anche fosse sarebbero state irraggiungibili. "Come irraggiungibili? Allora è vero che potrebbero essere state seppellite e perché non mi hanno detto nulla all'ospedale?"
Poi chiesi ad un'altra dottoressa che mi rispose di stare tranquilla che a 23 settimane viene calcolato come parto abortivo e non ci sarebbe stato nessun seppellimento.
Allora pensai: "Basta, devo mettermi l'anima in pace e piangervi da sola".
Ma dentro di me c'era qualcosa che mi diceva di non arrendermi.
Allora ho pensato, sai che faccio? Scrivo a quella mamma che ha trovato il suo nome su una di quelle croci e chiedo

a lei se può darmi dei consigli. Lei mi risponde subito e mi dice di chiamare ai Cimiteri Capitolini.
Eccomi qui che faccio il numero con il cuore in gola e chiedo: "Vorrei sapere se c'è una sepoltura a nome di Sara V.".
La signora controlla e mi dice: "Signora, ma sono due feti gemellini?"
Sì! Come lo sa?
Mi risponde: "Sono qui da noi al deposito di Prima Porta, ancora non sono state seppellite".
Sento il cuore che scoppia. Lo sapevo, me lo sentivo che stavate aspettando la vostra mamma. Mi dà il numero di chi si occupa di queste cose. Chiamo mio marito e gli dico: "Le ho trovate".
Andiamo due giorni dopo, facciamo gli incartamenti per riprenderci.
Il 28 ottobre alle 10 era l'appuntamento per il vostro seppellimento. Mancavano pochi giorni, stavo impazzendo, voi eravate lì e io non sapevo nulla. Eccoci, siamo qui, la vostra mamma e il vostro papà sono qui e c'è anche tutta la famiglia vicino a noi.
Arrivano i signori con due cassettine bianche con sopra il mio nome e cognome, ma lì dentro c'eravate voi. C'è uno strato di legno a dividerci, ma io sono lì e voi siete lì di nuovo con la vostra mamma. Sulle cassette ho messo le vostre camiciole della fortuna. Pensavo che in questo periodo avrei dovuto partorirvi, e invece vi stavo seppellendo. Ma ero felice perché non vi ho abbandonato, ero lì con voi. Io ed il vostro papà abbiamo preso una cassettina per uno per portarvi alla terra. Quando ho preso quella cassetta sembrava di tenerti in braccio, amore mio, almeno possiamo dire di avervi tenute tra le nostre braccia almeno una volta. Ora soffro lo stesso perché una parte del mio cuore è con voi, ma sono tranquilla perché so che non siete sole, vi hanno messo proprio in un bel posto.

Sopra di voi c'è nonno Walter e di fronte la vostra nonna Barbara e loro vi proteggeranno, ne sono sicura. Vi ameremo per sempre, Alessia e Chiara.

F.

QUARANTASETTESIMA LETTERA

CHI CI AIUTA?

Fuori c'è il sole, ma io mi sento al buio. Questo è come mi sento dal 5 novembre del 2018.
Tutto inizia l'11 ottobre con il test positivo. Ci proviamo da aprile; è il compleanno della mia mamma. Marco ha 3 anni, avrà presto un fratellino. Sono felice, immensamente felice. Lo siamo tutti, ma per fortuna non parlo a Marco del grande cambiamento. Faccio la beta per confermare il test casalingo (in fondo ancora non ci credo) e comunico tutto alla ginecologa che, appresa la notizia, mi liquida dicendomi: prendi l'acido folico. Va bene così per ora, ci rivediamo non prima delle 8 settimane. Dopo qualche giorno, la faccio rintracciare da una collega perché non ha mai voluto darmi il suo numero privato. Le dico che mi sento un po' affaticata, che forse dovrei prendere qualche integratore. Per lei nulla cambia, non un'ecografia, non un esame della beta per vedere se tutto procede. Continuo la mia vita, continuo a fare progetti. Vado in giro per le scuole con la mia borsa carica di libri per il progetto Io Leggo perché. E in quella borsa non ho solo libri, ma tonnellate di gioia. Riguardo le foto di quei giorni: sono felice. Continuo a insegnare inglese ai bambini nella scuola che ho aperto con sacrifici e sudore, rinunciando agli anni più belli della vita di Marco per costruire qualcosa che possa garantirgli un futuro migliore. Penso anche che per fortuna dovrei riuscire a completare i corsi dell'anno accademico 2018/2019 senza sconvolgere la vita dei miei alunni. Con una pancia enorme, ma posso farcela! L'ho fatto anche quando aspettavo Marco, in fondo. E invece no, è un sabato, sono le ore 14 e sento che il sangue comincia a scorrere. Non è possibile, non sta succedendo a me. Marco, piccolo, con il suo ciuccio in bocca capisce da tutto quel sangue che mamma non sta bene. Corro in ospedale e trovo in reparto una dottoressa dolcissima,

Roberta. Facciamo la prima ecografia, non me la danno nemmeno. Faccio di nascosto una foto. Mi resta solo quello. Non sente battito, c'è qualcosa di piccolo, prova e riprova a misurare il sacco vitellino: peccato non abbia alcuna ecografia precedente con cui fare un confronto. Mi dà speranza e mi prescrive assoluto riposo e punture di Prontogest e controllo a 48 ore. So che non andrà bene, so che se il sangue non si ferma non c'è più nulla da fare. Non arrivo a 48 ore. Domenica notte mio marito mi porta in ospedale perché i dolori si fanno sempre più forti. Il medico questa volta non è dolce e comprensivo come Roberta. Mi fa l'ecografia e con freddezza glaciale mi dice senza nemmeno guardarmi in faccia: "qui non c'è più niente. Ricovero e raschiamento". Mi mettono in una stanza comunicante con quella dove due mamme hanno appena partorito. Ne vedo una allattare i suoi gemellini mentre io sono piegata in due dal dolore e dalla disperazione. Nel corridoio passano tante mamme con i loro bambini nella culletta. Li sento piangere. A me invece è toccato questo. Perché è giusto mettere chi perde un bambino in un contesto del genere, per tanti ospedali italiani. Perché è normale sentirti un fallimento, sapere che tu tuo figlio non lo abbraccerai mai mentre ad un metro da te altri ce l'hanno fatta, sorridono, gioiscono. Entro in sala operatoria. Il medico che ha fatto nascere Marco sarà lo stesso che mi farà il raschiamento. Nessuno mi informa sul tipo di anestesia: sento solo tanto freddo e non riesco a smettere di tremare. Prima di chiudere gli occhi penso a Marco, la mia sola ragione di vita. Torno in camera, ho tanto sonno ma vedo che di mio figlio, sì mio figlio, non un embrione, un feto, resta solo quel sacchetto di plastica trasparente ai piedi del letto. Voglio tornare a casa, non voglio passare un minuto di più a vedere madri felici, a sentire bambini piangere. Voglio chiudermi in casa, nel mio silenzio e sparire, sotterrarmi. Ma prima devo passare in ambulatorio. L'infermiera mi fa fretta e con il camice verde trasparente della sala operatoria, senza nulla sotto, solo gli slip, mi arrotola in modo approssimativo intorno al seno il giubbotto che ho preso di fretta la mattina alle 5 e mi fa passare dal corridoio dove entrano anche i visitatori. Mi sento uno schifo, vuota, pure in condizioni pietose e privata di un minimo di dignità. Un conoscente che accompagna la moglie per il tracciato mi fa pure gli auguri: "Non sapevo fossi incinta, è nato oggi?". Firmo, mi rivesto e spero che qualcuno mi venga a prendere il prima possibile. Da lì inizia la mia lunga odissea. Mi prendo un giorno di pausa e torno a scuola, dai miei bimbi. Ho un macigno sul cuore, un buco dentro che non trova fine, ma il dovere chiama, e devo lavorare. Sorrido sempre, ma ho tanta voglia di piangere. Piango, piango tanto. Piango ogni giorno, non riesco a guardare in faccia mio marito. Non sono stata brava. Sono stata una pessima madre. Chi mi stava accanto mi accusava di non aver lavorato troppo e che quindi avevo perso il mio bambino solo per colpa mia. Come se averlo perso non fosse già abbastanza. "Meglio adesso che dopo". Sì, come no! Comincio a riprovarci. Passano 3 mesi, 6 mesi, un anno. Non succede nulla. Non sono in grado di mettere al mondo figli. Forse me lo merito, forse sono una brutta persona e non me ne rendo conto. Nel frattempo, nel mondo la gente continua a buttare i figli nella spazzatura. Decido di cercare aiuto e mi affido alla psicologa del reparto di pediatria che accompagna nel loro percorso i genitori di bimbi prematuri. Faccio un gran lavoro su di me. Scavo nel mio passato, tiro fuori tutto: la morte di mio fratello a soli 38 anni durante una battuta di pesca in apnea, il dolore nel vedere mio padre perdere un figlio, una famiglia a pezzi. Tiro fuori i sensi di colpa per non aver dedicato abbastanza tempo a Marco a causa del lavoro. E piano piano mi rialzo. Ricomincio a vivere, ma quel bambino è sempre lì, mi sento come la balena che porta con sé il corpo del proprio cucciolo. Io non riesco a lasciarlo andare. Per mesi ho continuato a comprare cose per lui anche se non c'era più. Ho comprato dei calzini con la testa di un elefantino con dentro un campanellino, un libro con un coniglietto, un libro di filastrocche per la pausa coccole. Ancora incartato un libro per Marco. Lo avrei usato per spiegargli che nella pancia di Mamma stava crescendo qualcosa. Ogni tanto prendo in mano quegli oggetti, e sprofondo nel baratro. Forse dovrei buttare tutto, ma non riesco a staccarmene, è come buttare via il mio bambino ancora una volta. Sono passati due anni, ho fatto visite da tanti medici, ho speso tanti soldi, mi hanno imbottita di integratori, mi sono presa infezioni che per mesi mi impediscono anche di riprovarci. Ho fatto decine di test di ovulazione. A due anni da allora sono ancora qui ad aspettare un arcobaleno che sembra non arrivare mai. Dicono che sono stressata (come se tutte le donne che mettono al mondo figli lo facessero in condizione di assoluta assenza di stress). E nel frattempo divento una brutta persona, quella che gioiva per i bambini che nascevano diventa oggi la persona più invidiosa del mondo. Perché tutti ci riescono ed io no? Perché il mio momento non arriva mai? Perché io non me lo merito? Perché Marco deve crescere da solo? Non so mai cosa rispondergli quando chiede perché lui non ha un fratello o una sorella come i suoi amichetti. E mi dispero, mi odio per questo! Voglio però lottare per tutte quelle donne che vivono come me questo dolore o che lo hanno vissuto. Ho vissuto l'indifferenza del personale sanitario. Perdere un bambino è quasi un tabù. Nessuno ne parla, nessuno ti chiede se hai bisogno di aiuto. Devi cercarlo da sola se hai la forza, altrimenti puoi sprofondare nel tuo dolore e morire di depressione. Io ho avuto la forza di chiedere aiuto ma i reparti ti abbandonano. La mia ginecologa non mi ha mai cercata, mi ha solo mandato a dire che sono cose che capitano e che avrei potuto riprovare. Cosa merita questo medico? Solo la mia indifferenza forse. Se potessi eviterei anche quella. Lottiamo per reparti a misura di donna, dove non si parli solo di corso preparto, allattamento e massaggio neonatale. Lottiamo per un supporto psicologico, per stanze lontane da mamme e bambini. Lottiamo per essere trattate con dignità e nel rispetto di un nostro dolore. Sarà stato grande quanto un fagiolo il mio bambino o forse un chicco di riso. Non lo saprò mai. Non saprò mai quando ha smesso di lottare per la sua vita. Non saprò mai grazie al mio medico se il suo cuore ha mai battuto. So che questo dolore mi ha cambiato la vita. Mi sento in colpa a piangere una vita mai stretta fra le braccia quando incrocio lo sguardo di mio padre che sentirà fino alla fine dei suoi giorni la mancanza di un figlio amato per 38 anni. Ma lui, uomo immensamente buono, mi ha dato un bacio sulla mano mentre piangevo di dolore sapendo di dover lasciare andare il mio bambino e non si è lasciato andare ad ovvietà. Ha capito il mio dolore lo ha rispettato. In queste settimane ho dovuto chiudere la mia attività a causa del Covid. Ho avuto tempo, troppo, e ho ricominciato a pensare, e sto nuovamente male, come due anni fa. E se dopo tutto questo tempo sto così, le donne che hanno perso i loro bambini in quarantena come staranno? Qualcuno ci ha pensato? Qualcuno le sta aiutando?

C.

QUARANTOTTESIMA LETTERA

GRAZIE A CIAO LAPO

L'associazione CiaoLapo è stata il mio faro nel momento più buio della mia vita, grazie a lei sono tornata a respirare. La mia storia comincia come tante favole, due che si conoscono, si scelgono, si amano e cominciano a fare progetti. A settembre 2012 il mondo mi si sgretola tra le mani; il mio futuro marito che tra le lacrime mi dice soltanto tre parole: "ho un tumore". Da quel momento inizia il nostro calvario tra fuori e dentro gli ospedali, non c'è tempo per piangere, ma solo per agire: Io ho 28 anni lui 26. A Maggio 2013 coroniamo il nostro sogno d'amore contro ogni pronostico, ci sentiamo forti, invincibili per aver superato un mostro più grande di noi.
Avere un bambino era un nostro progetto, ma come tutti i progetti aveva bisogno di tempo, di maturità, di consapevolezza. I dottori ci consigliano di provarci, subito dicono, perché abbiamo poco tempo e quello che abbiamo è limitato. Quando tre ginecologi ti dicono tutti la stessa cosa, quella verità che tu non vuoi accettare, alla fine ti arrendi e ti rivolgi al centro di procreazione medicalmente assistita (PMA). Esattamente un anno e mezzo dopo il nostro matrimonio arriva il nostro miracolo, Riccardo, tanto desiderato e voluto, naturalmente, come uno dono di Dio; diventiamo una famiglia. Trascorsi tre anni ci scontriamo di nuovo con la temuta PMA. Siete giovani ci dicono. Le blastocisti congelate tenetele per i fratellini o sorelline ci dicono. Questo ci dà forza e noi donne al bisogno diventiamo leonesse e troviamo il coraggio in posti che non credevamo esistessero dentro noi. Il primo tentativo va male, ci riprovo e anche il secondo buio totale. Mi rialzo e vado avanti, nonostante le cure pesanti e debilitanti, nonostante lo sconforto e la delusione, l'ultimo tentativo è quello decisivo e inaspettatamente il test positivo me lo conferma. Devi sapere che dall'inizio

dell'asilo Riccardo chiede ogni sera a Gesù bambino un fratellino piccolo e cicciotto. Riccardo è un bambino dolce ed estremamente sensibile, sorride sempre alla vita; so che per lui sarebbe un regalo meraviglioso. I primi di maggio comincio ad avere perdite, rimango a letto intere settimane. Cosa si può dire ad un bambino di 4 anni per non farlo preoccupare? "Mamma ha mal di schiena" e quella bugia bianca mi rimane in gola mentre guardo gli occhi di mio figlio che luccicano. L'8 maggio il ginecologo ci conferma quello che più temeva il mio cuore: "Non c'è più battito". Nel foglio che mi lasciano solo una dicitura: "echi embrionali assenti", come se quelle tre parole potessero spiegare il dolore viscerale che si prova nell'istante in cui ti rendi conto che non potrai mai averlo tra le braccia. Il 9 maggio del 2019 dico addio per sempre ad Alessandro. Ero entrata nel quarto mese, quando ti dicono che sei fuori pericolo, puoi dirlo senza paura. Com'è strana e crudele la vita! La lavagna del mio cuore si dipinge di un nero pece, smetto di respirare. M sono sentita morire, ancora oggi ricordo la sala operatoria dove mi hanno strappato quella piccola vita che cresceva in me. Lo scorrere del tempo non funzionava, le giornate erano tutte uguali, incolore, insapore, solo Riccardo mi ha dato la forza d'andare avanti. Attorno a me persone che non sapevano cosa dire o fare, frasi di circostanza: "Hai già un bambino accontentati", "Capita a tutte", "Pensa a chi non ne ha proprio", come se quelle parole potessero dare conforto o sollievo. Avrei preferito il silenzio. Ho perso persone che credevo amiche che davanti al dolore non sanno starti accanto, persone che non hanno capito i miei silenzi e il desiderio di chiudermi e sparire.
Poi un giorno per caso mi sono imbattuta in questa associazione che è una vera famiglia, dà appoggio e ascolto senza giudizi. Mi ha salvato, letteralmente, è stata capace, grazie alle persone che ci lavorano, di farmi elaborare il lutto, di sentirmi vuota e colma nello stesso istante. Ho preso quel dolore e mi ci sono buttata dentro e

lì ho ripreso a respirare. Ho imparato che un dolore così grande farà sempre parte di me (me lo sono tatuata per averlo impresso nella carne), che avrò momenti in cui mi sentirò di nuovo in apnea, ma troverò la forza per riuscire a risalire.

Oggi quest'associazione e le sue persone fanno ancora parte della mia vita e non potrei farne a meno.

L.

QUARANTANOVESIMA LETTERA

CIAO VITTORIA

11.10.20
Cara Vittoria, figlia mia, inizio a scrivere questa lettera-diario a pochi giorni dal tuo funerale. Mai e poi mai avrei pensato che al rientro a casa dall'ospedale dopo il parto avrei trovato il tempo di scrivere. Come mai avrei immaginato il silenzio che inonda la casa; una casa ordinata, pulita, che per la prima volta mi infastidisce vedere così. E tutto questo perché è successo quello che nessuno si aspetta, nessuno si immagina o mette in conto quando si trova alla 38a settimana di gravidanza e va in ospedale con le valige pronte per un controllo. Nelle prime pagine di questo diario racconterò il nostro dramma, la disperazione della nostra separazione, lo shock, la dura realtà che stiamo affrontando e non utilizzerò giri di parole perché risultino meno crudi, perché non è possibile, in nessun modo, addolcire quello che è stato. Ti prometto però che andando avanti in questo racconto recupererò tutti i momenti belli passati insieme nei nove mesi che ti ho portata in grembo.
02.10.20
Passiamo la mattinata fuori casi per le ultime analisi del sangue e altre commissioni (sto bene, sono attiva nonostante il pancione, esco spesso per delle camminate e quando io sono in movimento tu sei solita stare ferma). Poi, come ogni giorno da quando sono a casa preparo il pranzo per Mattia, il tuo papà. Tu oggi non ti sei ancora fatta sentire, è una giornata grigia e piovosa e con Mattia scherziamo sul fatto che meteoropatica...te la stai dormendo di gusto!
In pomeriggio di mi sdraio sul divano e con le mani sulla pancia ti accarezzo, ti chiamo, cerco di svegliarti, ma senza risultato. Mattia è tornato al lavoro ma è preoccupato: mi scrive, mi chiama, mi suggerisce di bere

qualcosa di dolce per facilitare il tuo risveglio. Nel pomeriggio arriva anche mia madre, per un saluto e prendere un the con noi. Sono le 17 e ancora non ti sento, preferisco andare a fare un controllo in ospedale. Chiamo Mattia che arriva velocemente dal lavoro. In macchina siamo pensierosi, un po' preoccupati ma non allarmati. Non si fanno conversazioni, l'unico pensiero "forse torniamo a casa in tre", anche se la data presunta del parto è il 16.10.20. Pensiamo che sarà un controllo in cui ci diranno che va tutto bene (come la volta precedente in cui mi avevano riscontrato una lieve anemia, molto frequente in gravidanza). Oppure ipotizziamo che potrei restare in osservazione per una notte o, nella peggiore delle ipotesi, che ti faranno nascere d'urgenza se effettivamente i medici riscontrassero un problema. È tutto molto veloce, nel giro di venti minuti siamo in ospedale a Trento ed entriamo nel pronto soccorso, in 10 minuti al triage riferisco di non avvertire i tuoi movimenti da tutto il pomeriggio, si va direttamente nel reparto di ostetricia e iniziamo il monitoraggio.

Le ostetriche posizionano gli strumenti sulla pancia per rilevare il battito. Cercano, spostano, più su, più giù, un po' più a destra, un po' più a sinistra. L'ostetrica mantiene la calma, chiama la collega per provare a trovare il tuo cuoricino. Niente, non riescono. Io sono terrorizzata, ammutolita. Andiamo subito nella stanza a fianco dove c'è la dottoressa che con l'ecografo può facilmente individuare il cuore. Durante le ecografie i medici insegnano alle mamme ad individuare il cuore, è la prima cosa che si vede quando ancora non è formato da due atri e due ventricoli ma lo si riconosce per il movimento, quello "sfarfallio" che è presente quando ancora il feto è composto da poche cellule. È questione di un attimo. Io lo vedo il tuo cuore, è fermo. La dottoressa mi guarda, sa che sta per darmi la più terribile delle notizie ma deve fare la sua diagnosi: non c'è battito, la bambina è morta. Arriva un'altra collega ginecologa a verificare nuovamente, quasi

le dottoresse volessero essersi sbagliate e avere una soluzione, darci una speranza. Ma anche la seconda dottoressa non può che confermare la diagnosi: morte intrauterina. Mentre pronunciano quelle parole mi sento precipitare nel baratro, Vittoria sei nella mia pancia morta? Stavamo per incontrarci, per toccare il cielo con un dito e siamo sprofondate nelle tenebre. Nessuna possibilità di appello, nessun cesareo d'urgenza che potesse alimentare la speranza. Semplicemente FINE, MORTE. Non c'eri più. Lancio delle urla strazianti e piango gridando con una disperazione mai provata prima, con tutta la voce che ho. Il tuo papà è fuori, nella sala d'aspetto ma ha capito che io sono a gridare e poco dopo lo vanno a chiamare. I medici gli spiegano quello che è successo, lui è incredulo, lì per lì non capisce e chiede come è possibile intervenire. Non ci si vuole arrendere a questa diagnosi tremendamente definitiva. E pensare che io, da un paio di settimane, consideravo, con una certa fierezza, di aver portato a termine la gravidanza. Eravamo entrate nelle settimane in cui "il bambino" non è più considerato prematuro e anche se la nascita anticipasse la data presunta del parto non ci dovrebbero essere. E quindi ero pronta a metterti al mondo bambina mia, eri formata, con un buon peso, in linea con la settimana di gestazione ed eri pronta ad affrontare la vita extra uterina. Eravamo tutti pronti a conoscerti.
Alla terribile notizia sono accorsi i tuoi nonni e zii, che ancora non sapevano il tuo nome, e a loro ho dovuto dire "Vittoria non ce l'ha fatta". Sembra, o forse è, una contraddizione. Un destino bizzarro e avverso.
Da quel momento in poi sono iniziati dei momenti terribili, fuori da ogni orizzonte temporale. Ero totalmente schiacciata dalla notizia, incredula. Come un automa mi sono trovata improvvisamente a firmare i moduli per l'induzione al parto, l'autorizzazione alla tua autopsia, fornire dati per il certificato di nascita e di morte, moduli per analisi genetiche per te e per me e poi altre visite sul

mio corpo di cui non avevo più la percezione, se non un tremore incontrollabile. Una delle cose che non accettavo era l'idea di partorirti naturalmente. Mi pareva un'ulteriore tortura e inoltre ero priva di energie. Le dottoresse, con enorme pazienza, professionalità e umanità mi convincono a partorirti naturalmente spiegandomi che è la normale conclusione della gravidanza, che mi servirà per elaborare il lutto e per mantenere il mio corpo in condizioni ottimali per eventuali future gravidanze. I loro volti sono nascosti dalle mascherine ma vedo sguardi rassicuranti, mi fido, accetto. In tarda serata inizia l'induzione del parto, ci potrebbero volere anche un paio di giorni, dipende da come reagisce il corpo. Sono rassicurata dall'anestesista che mi assicura di togliermi il dolore fisico. Si, quello si può alleviare. Mentre lo strazio emotivo di partorirti morta no, niente e nessuno lo può lenire. Il tuo papà è con noi in ogni momento. L'infermiera mi propone delle gocce calmanti che rifiuto: sono i nostri ultimi momenti insieme, io voglio capire cosa è successo. La nottata è insonne, non so quali effetti avranno i farmaci per l'induzione del parto sul mio corpo ma la paura non è quella, è per la nostra separazione definitiva. La mente si rifiuta, non è in grado di capire e accettare come la morte si intrecci con la vita. Come una neonata circondata d'amore, desiderata e voluta, possa nascere morta senza aprire gli occhi e conoscere la sua mamma. Spero si tratti di un terribile incubo ma non è così. Al mattino conosco l'ostetrica E.T. che ci avrebbe accompagnato per l'intera giornata. È una donna rassicurante, premurosa, mi incoraggia, mi coccola. Poco dopo le comunico che si sono rotte le membrane, sento fluire il liquido che ti ha avvolta e protetta per nove mesi. In quel momento ho realizzato che si stava per compiere il nostro spietato e definitivo distacco. Ci spostiamo in sala travaglio e arriva anche l'anestesista S. che interviene quando il dolore fisico diventa troppo intenso. Sento soffiare un vento fortissimo e la pioggia battere

insistentemente sulla finestra. L'ostetrica E. e la dottoressa F.G. mi visitano e mi avvertono che stai per nascere, è l'ora delle spinte. Non so dove trovare la forza, il dolore psicologico mi leva il fiato. Loro mi guidano, mi dicono come fare. Io nuovamente mi fido, mi impegno al massimo, spingo. È così che fanno le mamme. Non nego che ancora nutrivo la speranza di sentirti piangere, di sentirti respirare, di vederti aprire gli occhi. Alle 13.45 del 03.10.20 sei nata...o meglio, sei uscita dal mio corpo. Il senso di distacco e perdita provato in quel momento non riesco a tradurlo in parole. Forse paragonabile all'amputazione di un arto. L'ostetrica ti lava, ti avvolge in una coperta e ti prendiamo in braccio. Sei uno splendore Vittoria, un capolavoro, perfetta, 2900 grammi e 52 cm. Sembra che tu stia dormendo, ti accarezzo le guance, la tua pelle è liscia come petali di rosa e ancora aspetto il tuo risveglio. Guardo le tue mani e i tuoi piedi, sono la parte di te che conosco meglio, li percepivo nitidamente negli ultimi mesi spingere nel mio fianco e nelle costole. Ti guardo e cerco di imprimere il tuo volto nella mia mente scossa, poco lucida. E. ti veste secondo le mie indicazioni: tutina bianca di ciniglia regalata dalla tua nonna Fernanda, mia madre, il cappellino bianco che ti ho comprato io e la coperta bianca con i cuori rossi, regalo della nonna Patrizia. Anche loro, i tuoi nonni, ti possono prendere in braccio per un saluto e tutti affermano che assomigli al tuo papà, e io ne sono fiera.
Ci possiamo prendere del tempo per contemplarti prima che tu venga portata in Anatomia Patologica per il l'autopsia. Conosco il primario di quel reparto perché ci ho lavorato, lo chiamo e gli chiedo di occuparsi di te. Faccio tutto quello che posso, da madre, affinché tu non ti senta abbandonata, affinché non siano mani estranee a toccarti. Il tuo papà scende anche in camera mortuaria, dopo l'autopsia, per assicurarsi che tu sia in ordine, ti ha portato il peluche e il carillon che ti avevamo comprato. Si assicura che tu abbia il braccialetto, uguale al mio con

il mio nome. Ti prepariamo al meglio per il tuo viaggio, non so se sei pronta per affrontarlo, noi no sicuramente.
Lunedì 05.10.20 ricevo visite di colleghi ed ex colleghi dell'ospedale, ci manifestano amore. Cosi come dottoresse e ostetriche passano anche dopo il turno, solo per un saluto e un incoraggiamento. Sai amore, ci hanno voluto tutti bene! Non sarà un passaggio che non lascerà traccia il tuo, te lo assicuro.
È arrivata l'ora di lasciare la stanza n1. del reparto di ginecologia, distante dalle stanze dove le mamme col pancione attendono l'intensificarsi delle contrazioni e dove arrivano i papà con l'ovetto per portare a casa i loro fagottini. Questa stanza era diventata un rifugio per me e per il tuo papà, temo il ritorno a casa a braccia vuote. Ce ne andiamo con un libretto compilato dalle ostetriche con le tue informazioni, lo stampo delle tue manine e dei tuoi piedini.
07.10.20
Del funerale poche parole, ci sono poche persone, solo coloro che sentono il nostro dolore e lo condividono. Sulla tua piccola bara rose bianche e il fiocco rosa che avrei appeso alla porta se le cose fossero andate come immaginavo, cioè bene. È di un rosa delicato, di tulle, ricorda il mio abito da sposa. L'abbiamo scelto io e il tuo papà con estrema cura. Le parole del parroco non le ricordo esattamente, ma sono sentite, partecipate, dette con delicatezza. È visibilmente commosso ma ad certo punto con voce ferma afferma che tu sarai la "Vittoria della nostra famiglia." Io ci voglio credere.
È il tuo papà che ti solleva e ti porta al cimitero, nel posto in cui tutti i giorni veniamo a dirti che ci siamo, ti amiamo, ci manchi.
15.10.20
Abbiamo scoperto essere il giorno della consapevolezza del lutto perinatale, lo abbiamo appreso leggendo il sito "CiaoLapo". Ancora non so come affronterò il 16.10.20, giorno della data presunta del parto. Ancora qualcosa

dentro di me spera che questa giornata ti riporti da me, "aggiustando" l'accaduto. È da febbraio che aspetto con trepidazione il 16.10.20. La vicinanza della giornata della consapevolezza del lutto perinatale e della data presunta del parto mi ribadisce come due situazioni percepite agli antipodi, la vita e la morte, si possano tragicamente intrecciare e sovvertire la vita delle persone. La mia e quella del tuo papà sicuramente. Io credo che questo accaduto abbia sancito la "fine della vita normale" perché io, d'ora in poi, ero pronta a camminare con te a fianco per il resto della vita e non so se sarò in grado di farlo senza di te.
16.10.20
Oggi avremmo avuto la visita presso l'ambulatorio gravidanza a termine. Mi sono chiesta un sacco di volte come saresti arrivata, come mi avresti fatto capire che stavi per nascere. Se saresti stata puntuale in questa giornata di "data presunta" o se ci avresti fatto attendere ancora qualche giorno. Per annunciare al mondo la tua nascita via whatsapp avrei utilizzato il quadretto che ho ricamato per te. Invece questo 16 ottobre è arrivato e tu manchi già da due settimane. Oggi io fatico ad uscire dal letto e mi pare di non avere la forza nemmeno per piangere. Non immagino cosa sarà d'ora in poi, perché ogni cosa nella testa e nelle azioni mie e di tuo padre prevedeva la tua presenza. Mi chiedo chi sono, chi sarò. Si, madre di una bambina bellissima ma che non vedrò crescere e non avrà bisogno delle mie cure, mi sento più morta che viva, desidero allattare, accudire, prendere in braccio, mi sveglio di notte e ti cerco, come se mi sentissi chiamare. Mi giro nel letto come se avessi ancora il pancione. Mentre mi lavo sotto la doccia e vedo che quel pesante, rotondo, ingombrante ma bellissimo pancione non c'è mi manca terribilmente. Mi manchi tu.
23.10.10/24.10.20
Il venerdì e il sabato, a distanza di tre settimane dall'accaduto, rivivo minuto per minuto quello che è

successo. Rivedo gli sguardi dei medici che mi hanno dato la terribile notizia, mi rimbombano dentro la testa le urla quando mi hanno detto "morte intrauterina". A momenti la disperazione mi paralizza, mi toglie il fiato e piango senza sosta. Altri momenti sono più serena, altri taciturna, poi arrabbiata, scontrosa, non ancora rassegnata. Non c'è una "normalità da riprendere" dopo di te perché tu ci sei stata, e ora, a modo tuo, ci sei. C'è da imparare ad andare avanti, tornare al lavoro. Sono una Silvia diversa: prima ero compagna, moglie, sorella, figlia. Ora sono una madre interrotta, prendendo la definizione dell'associazione "CiaoLapo". Termine che viene assegnato alle mamme con il peso delle braccia vuote. Mio marito ed io non siamo più completi, non siamo più una coppia. Siamo una famiglia di tre persone di cui una è venuta a mancare. Vittoria tu ci sei e ti farai sentire, io ancora devo capire come ma confido che lo farai. A momenti vorrei un altro figlio, subito, che mi riportasse qualcosa di te, che ti assomigliasse. Credo sia la mia parte istintiva. In altri, la parte razionale, avendo capito e provato il dolore di una madre, mi mette in guardia dall' espormi nuovamente. Ma il mio cuore spezzato e con una parte mancante sa che l'amore che mi hai insegnato mentre eri dentro di me lo vorrò riprovare, e sarà doppio grazie a te. Se dovesse succedere che avrai un fratellino o una sorellina sarò la mamma che più apprezzerà il pianto di suo figlio.
Mi hai insegnato che so partorire.
Mi hai insegnato a non dare nulla per scontato.
Mi hai fatto capire che essere madre è un privilegio.
Mi hai fatto apprezzare nuovamente e maggiormente la persona che ho a fianco, Mattia, mio marito, il tuo papà.
Mi hai fatto capire il mistero e il miracolo della vita. La perfezione di un corpo che in nove mesi forma dentro un altro corpo. Eri davvero perfetta amore mio, bellissima. Noi nostri lunghi momenti trascorsi insieme ho accarezzato la pancia con tutta la dolcezza di cui sono

capace, spero ti sia arrivata, spero sia il ricordo che ti porterai della tua mamma.
26.10.20
Il tuo papà oggi rientra al lavoro. Non sono mai stata lasciata sola un attimo in queste settimane. Attendo un'amica che mi convince ad uscire per una camminata anche se piove. Mi sforzo, vado. Cosi come mi sforzo di mangiare, semplicemente perché non voglio stare peggio di così. In pomeriggio passa mia madre, anche solo per bere un the, io sono apatica sul divano, non si parla di niente, lei cucina per me, è quello che può fare per "tenermi in vita". Più tardi, quando lei se ne va, guardo fuori dalla finestra. Il buio è dentro e fuori di me. È una giornata piovosa ed è tornato l'orario solare. Essere in maternità ora è situazione crudele, non posso fare la mamma (benché io sia e mi senta madre), a casa mi sento inutile. Decido di chiamare il mio primario per dire che rientro al lavoro- Il bagaglio di dolore verrà con me, però forse esercitando la mia professione in laboratorio analisi potrò sentirmi utile. Adoro il mio lavoro. Lui mi dice una frase:" Vieni, ti aspettiamo. E vieni per curare il tuo dolore, non devi dimostrare niente, non ti metteremo sotto esame". Questa frase mi resterà impressa e mi fa capire chi ho davanti: un primario che non conosco (è appena arrivato e io mi sono appena trasferita in questo laboratorio presso l'ospedale di Trento), il mio capo, ma soprattutto un uomo, un padre.

I NOSTRI NOVE MESI INSIEME: LA GRAVIDANZA AI TEMPI DEL COVID

Per apprezzare fino in fondo la nostra storia, spendo una parte di racconto per ripercorrere i nostri nove mesi insieme quando tutto è iniziato, anche se tu Vittoria, li conosci meglio di me....
Arrivi dopo circa otto mesi di tentativi, lo stick con la doppia lineetta è per il tuo papà un regalo di S. Valentino confezionato in una scatolina per gioielli. L'emozione è alle stelle, si salta, si grida, si piange di gioia. Io

dall'emozione non dormo per tre notti. Sto bene e vado al lavoro, sei ancora un segreto tra me e Mattia, ci sei ma non sei visibile agli altri. A febbraio sono ancora presso il Laboratorio di Bolzano, il trasferimento a Trento è previsto per luglio. È una decisione presa prima del tuo arrivo ma in funzione della famiglia che Mattia e io vogliamo costruire.
A marzo l'epidemia di COVID-19 sconvolge velocemente tutto, tutti e soprattutto l'ospedale, il mio luogo di lavoro. Io mi preoccupo per te, devo dire al primario della tua esistenza e così, precauzionalmente ricevo un congedo. Inizialmente è temporaneo, ma l'epidemia diventa pandemia e tale congedo diventa definitivo, prolungandosi fino alla maternità obbligatoria (agosto 2020). Abituata ad uscire di casa all'alba e rientrare a tarda sera mi ritrovo improvvisamente in casa, da sola, Mattia lavora. Gli spostamenti da lì a pochi giorni verranno vietati. Sono spiazzata, devo ancora dire ai miei genitori del tuo arrivo. Avrei voluto aspettare domenica 15.03.20, giorno del mio compleanno, per il grande annuncio. Ma pur abitando loro a 20 km, sono comuni diversi e non è permesso. Così lo annuncio con una videochiamata, la prima videochiamata della vita di mia madre (giusto per sorridere un po', lei appoggia il telefono all'orecchio!).
Mi sento reclusa, mento alle amiche al telefono dicendo che sono al lavoro, voglio annunciarti di persona, a voce, brindando per il tuo arrivo. Sicuramente avrai percepito che ero giù di corda in quel periodo, ma non era di certo colpa tua! Non ti sentivo muovere, non avevo ancora la pancia, non sapevo se fossi maschio o femmina. Insomma, faticavo ad immaginarti e soffrivo l'isolamento, punto. L'ostrica mi consiglia di vedere una psicologa. Io non l'ho mai fatto prima d'ora ma, sempre pensando a te, a farti stare bene, accetto. Desidero che tu percepisca solo sentimenti positivi. La dottoressa S.Z. in pochi incontri riesce a darmi una chiave di lettura di questa situazione per sfruttarla a mio favore. Mi spiega che devo farti spazio

nella mia mente prima che nel mio corpo. Devo anticipare quel processo fisiologico che avviene quando il bambino inizia a muoversi, la pancia cresce, la mamma inizia a concentrarsi più sé stessa che sugli altri e vive la casa come una sorta di nido. Devo rallentare i miei ritmi di vita già da ora, per essere più pronta dopo ad assecondare le tue esigenze dopo. E così sfrutto questo tempo sospeso per leggere, allontanare lo stress e mi concentro su di noi.
Attendo con trepidazione ogni visita, è anche un pretesto per uscire. Purtroppo però ci dobbiamo andare da sole, sempre. Le norme anti-COVID prevedono che in ospedale entri solo il paziente che deve essere visitato, quindi Mattia è al lavoro che attende in ansia tue notizie.
Il giorno dell'ecografia morfologia abbiamo deciso di sapere, se fosse stato possibile, se saresti stata maschio o femmina. La dottoressa e l'ostetrica capiscono il mio dispiacere e ancora di più quello del tuo papà nel non potere assistere ad uno dei momenti più belli della gravidanza e così mi propongo, a fine visita, di girare un breve video in cui ti inquadrano nel monitor dell'ecografo, fanno sentire il battito del tuo cuore e svelano il sesso. Tu ti mostri bene sullo schermo e pare che saluti con la mano. Mai e poi mai avremmo immaginato che quel breve video sarebbe stata l'unica volta in cui ti avremo vista viva e sentito il tuo cuore battere. Lo invio con il cellulare al tuò papà che è al lavoro. Deve uscire dall'ufficio perché scoppia in lacrime quando ti vede. Lui, che avrebbe preferito un maschio, in quel momento si innamora di te. Io da quel momento inizio a fantasticare sui vestitini che ti avrei comprato, su come ti avrei pettinato i capelli e sulla complicità che avremo avuto quando saresti cresciuta.
Siamo così felici che vogliamo immortalare il momento con degli scatti fotografici fatti da un professionista. Sono dei ritratti stupendi, il nostro ricordo migliore con te. Li riguardo spesso, gli occhi miei e di Mattia brillano di

amore per te. Mi guardo, mi vedo bellissima. Eri tu a rendermi così. ...oggi non mi riconosco in quella persona. In conclusione, non so ancora come, se e quando supererò il lutto. È davvero molto presto. In una stessa giornata si affollano in testa tanti pensieri e si alternano stati d'animo opposti (come dicevo prima, a volte penso già che vorrei avere un altro figlio, altre che potrò amare solo Vittoria). Vi dico cosa mi salvato fino ad ora e cosa ho capito del dolore.

Questo è un lutto segna profondamente, spezza un progetto di vita. Non sarò mai più la Silvia di prima, non escludo arrivi altra felicità (lo spero vivamente) ma la mancanza di Vittoria si avvertirà sempre. Forse un giorno, invece che come mancanza, Vittoria sarà avvertita come una presenza spirituale. È morta il 02.10.20, giorno che la chiesa cattolica dedica agli angeli custodi. Io ci voglio credere, e dal giorno del suo funerale io e mio marito concludiamo la giornata tenendoci per mano e recitando una preghiera. Ho capito che serve un aiuto a livello psicologico, oltre a quello della famiglia. A me è stato offerto già in ospedale quando ancora ero ricoverata e continua settimanalmente, ringrazio la dottoressa I.S.

In ultimo, ma di essenziale importanza, quello che mi ha salvata nell'immediato è stata l'umanità del personale sanitario che ha accompagnato me, Vittoria e Mattia in questo viaggio all'inferno. Oltre alla professionalità, hanno condiviso il mio dolore e fatto l'impossibile per alleviarlo. Quindi un enorme grazie a ginecologi, ostetriche, anestesisti, infermieri e anatomopatologi dell'Ospedale Santa Chiara di Trento.

S.

CINQUANTESIMA LETTERA

CIAO LEONARDO

Sono una passionale, una donna curiosa, una viaggiatrice con poche possibilità economiche: per me l'unico modo di viaggiare per il mondo era lavorare nel turismo, infatti ho sempre e solo fatto l'operatrice turistica e l'agente di viaggi. Ho avuto la fortuna di lavorare in giro per il mondo e fare un lavoro che anche adesso, in questo momento di emergenza sanitaria Covid, considero ancora bellissimo. Il mio lavoro mi ha dato tante soddisfazioni ma l'istinto materno, forse è più giusto dire l'orologio biologico, mi ha portato a chiudere una relazione all'età di 35 anni che durava da 10 perché non condividevo col mio fidanzato di allora il progetto di una famiglia. Sognavo un bimbo e all'età di 38 anni il destino mi ha portato a far parte di una famiglia un po' particolare. Ho conosciuto il bel ragazzo della mia età che era papà di due bimbi di 6 e 8 anni, cresceva i suoi bambini quasi da solo. Mi sono innamorata di lui della sua solidità, del fatto che si potesse contare sulla sua presenza. È bellissimo prendersi cura dei suoi bimbi: sono una Mammastra e i miei astrini sono una gioia. La convivenza noi quattro, improvvisamente famiglia. A 40 anni, dopo due anni insieme, il regalo più bello: "Facciamo un bambino?" mi dice il mio amore grande, "so che il tuo desiderio è diventare mamma, anche se già lo sei tanto per i miei bimbi."
Resto subito incinta. Che gioia grandissima, mi sento invincibile. Ma dopo poche settimane: aborto spontaneo, mi dicono. "Non è colpa tua, succede. Riprovate subito".
E infatti sono di nuovo in attesa di un figlio, Leonardo, ma questa volta non mi sento invincibile, ho mille paure, tanta ansia. Smetto subito di lavorare, di nuotare, faccio mille controlli e poi ho 40 anni, sono una primipara attempata. Villocentesi, amniocentesi, tutto ok, Leonardo cresce. E io sono felice, i bambini raggianti avranno un fratellino.

Poi arriva il giorno più brutto della mia vita: 5 giugno 2011. La notte mi sveglio, sento che ho delle perdite, ma è acqua. Chiamo la ginecologa e lei dice che non è niente, idrorrea della gravida la chiama. "Domani o dopo ti faccio un controllo". Arrivano dei dolori, arrivano piccole contrazioni. Non sono neanche di 6 mesi, solo 20 settimane. Corro in clinica, mi visitano: "Hai pochissimo liquido amniotico il bambino è sofferente. Qui non possiamo fare molto, vai in ospedale". Se c'è una possibilità che un bimbo di 20 settimane sopravviva forse è lì. È tutto un brutto incubo prego, prego, prego a voce alta, spero che tutto vada bene. Fanno l'ecografia, sento il battito di Leonardo fortissimo, vedo le facce dei medici. "Stai per partorire, non c'è più liquido, stai per abortire. Il tuo bambino non sopravvivrà alla nascita. Devi partorire". Mio marito è lì disperato. Io sono disperata e faccio nascere con dolore e con il cuore squarciato il mio piccolissimo Leonardo. Non mi fanno vedere il mio bambino, dicono che è meglio così. Mio marito viene fatto entrare e uscire da quella sala parto che lui ricorda come Il luogo più terribile che abbia mai visto. Non so se lui ha visto Leonardo. Resto ricoverata un giorno, sedata, non ho più la cognizione della realtà, se mi addormento sento che è un incubo, che ho sognato; se tocco la mia pancia, sento il bambino. Il mio bambino ancora vivo.
Avrei voluto avere le sue spoglie, ho desiderato fare un funerale, ho chiesto subito un'autopsia.
Volevo sapere perché.
Ma il bambino era perfetto, l'unica ragione forse è l'amniocentesi. È un dolore grande, un pensiero costante, ogni giorno penso a Leonardo. Lo immagino con gli occhi verdi di mia madre e i capelli neri col sorriso del suo papà. Ogni anno, il giorno del suo compleanno, della sua commemorazione, facciamo volare in cielo un palloncino, l'unico regalo che posso fare al mio bambino. Ho cercato conforto nell'associazione CiaoLapo, ho trovato conforto nei libri, ho scritto nelle chat e ho cercato di dare il mio

conforto anche a genitori che hanno avuto un lutto come il mio. Perché non è sempre facile capire che un figlio è unico, sempre, anche se non nasce, anche se sopravvive un solo secondo.
Ora sono mamma, non solo mammastra: dopo meno di un anno dalla morte di Leonardo è arrivato Federico. Adesso ha 8 anni, è un bambino furbo, monello, bellissimo. È arrivato più per volere del suo papà che mio, perché la paura mi toglieva speranza, ho avuto paura di perderlo ogni giorno della gravidanza. È nato con un parto naturale durante gli Europei 2012, Italia-Croazia, un secondo dopo il gol di Pirlo.

M.

CINQUANTUNESIMA LETTERA

LA NOSTRA FARFALLINA

Tutto è iniziato il 28 marzo del 2019 durante un esame di routine, il B Test, tutto andò a rotoli.
Il cuoricino del mio piccolo, o della mia piccola, non c'era più. Ero di 12 settimane.
Il mondo mi crollò addosso e attraverso il ricovero in ospedale ho avuto un piccolo parto.
I sogni si distruggono nell'attimo in cui ti dicono: "Mi dispiace, signora, non c'è più battito"
La strada per rinascere è stata dura, dura anche perché viviamo in una società che ancora oggi tratta l'aborto come una cosa non importante.
E succede che molte donne si racchiudono in se stesse e troppo spesso senza nemmeno essere capite.
Parole dette di troppo, parole che feriscono, molte volte avrei preferito più una carezza che tante parole al vento.
Non avevamo ancora deciso un nome perché non sapevamo ancora il sesso, io la chiamo la nostra Farfallina.
Che ci guida ogni giorno e ci protegge.
Poi ho conosciuto l'associazione CiaoLapo Onlus, quando raccontai la storia a loro per la Prima volta mi sono sentita accolta e rispettata.
Oggi sono una donna diversa e una mamma diversa, perché ho un figlio di 7 anni e mi sento molto fortunata rispetto ad altre donne.
Ma quando si perde un figlio in gravidanza la vita ti cambia radicalmente, io se ce l'ho fatta devo ringraziare mio marito, la mia famiglia e CiaoLapo.
Dalla mia esperienza posso dire che come società siamo molto indietro, molte persone non capiscono che si è madri fino dal primo momento in cui si scopre di essere incinta.
Nel mio piccolo faccio la differenza, e non voglio che nessuna donna si senta più sola ed emarginata.

S.

CINQUANTADUESIMA LETTERA

CIAO JACOPO

La storia che racconterò è quella mia e di Jacopo, nato morto a 42 settimane di gravidanza.
Erano i primi giorni di gennaio 2011 e la mia pancia era quella enorme dei nove mesi, aspettavo con ansia la nascita di mio figlio che tardava ad arrivare, di lì a due giorni avrei avuto il parto indotto, programmato. Quella mattina mi sono svegliata pimpante perché avevamo appuntamento dal notaio per il rogito della nuova casa, più grande, per accogliere un nuovo membro della famiglia.
Nonostante l'entusiasmo avvertivo qualcosa di diverso dentro di me, di silenzioso, ho cercato di non dar troppo peso alla cosa, ma il pensiero era costante.
Rientrati a casa, il silenzio che sentivo nella mia pancia cominciava a farsi sempre più pesante e ho tentato di comunicare con mio figlio dandomi colpetti alla pancia, muovendomi, sdraiandomi, rialzandomi, ma nulla, nessuna reazione. Tutti i suoi movimenti, presenti fino al giorno prima, erano spariti.
Ricordo la sensazione di paura, il mio viso in fiamme, sapevo cos'era successo, io lo sapevo, ma volevo disperatamente che qualcuno mi dicesse che mi stavo sbagliando, così ho preso l'auto e, accompagnata da mia madre, sono andata in ospedale, mente mio marito è rimasto a casa con Tommaso, l'altro nostro figlio.
Mi hanno fatta entrare da sola in un grande ambulatorio per ecografie e tracciati, c'erano altre gestanti, una tenda mi separava da loro, ma ricordo benissimo il rumore dei battiti dei loro bambini mentre facevano il monitoraggio.
Io mi sentivo come in trance, una sorta di automa, la dottoressa ha iniziato l'ecografia e poi mi ha dato la sentenza: "Mi dispiace signora, non c'è battito".
Sono rimasta in silenzio, le mani in testa, le dita tra i capelli: "Signora? Ha capito?".

Da lì ho ricordi confusi, ho impressi però gli sguardi straziati di mia mamma e quello di mio marito, che ho potuto vedere dopo.
Ero sola quando mi hanno dato la notizia, sola col mio bambino senza vita in grembo.
Jacopo è nato con parto naturale, indotto, un bel bimbone di 4,100kg.
Di quella notte ricordo il buio, il freddo, il dolore del cuore che sovrastava quello del corpo, il silenzio assordante spezzato per un attimo dal pianto di un neonato dato alla luce nella sala parto accanto alla mia.
Ricordo l'ostetrica, impreparata a gestire la cosa, che continuava a darmi ordini chiamandomi mamma: "Spingi, mamma! Respira, mamma!" e io eseguivo, ma l'ho odiata così tanto!
Non volevo mi chiamasse così, mio figlio era morto dentro di me, non ero stata in grado di darlo alla luce vivo e non mi sentivo degna di quel nome.
Mi disse anche che Dio dava le sue croci a chi le sapeva portare.
Jacopo è nato, è sgusciato silenziosamente fuori da me, il medico ha mostrato a mio marito la causa della sua morte: nodo vero al cordone ombelicale.
Subito dopo l'hanno portato via e mi hanno detto che avrei potuto vederlo, se avessi voluto.
Sono rimasta sola con mio marito.
Due disperati.
Poi non so cosa mi abbia illuminata ma ho pensato: "È mio figlio, devo vederlo" e così ho fatto.
Ho retto solo pochi istanti, ma ricordo i suoi capelli scuri, la coperta bianca che lo avvolgeva, il visino paffuto ma patito.
Gli ho dato una carezza sulla guancia.
Un incontro velocissimo il nostro, ma sono grata a me stessa per aver intuito che dovevo farlo, che era bene farlo.
Ringrazio me stessa perché non c'è stato nessuno di competente che mi consigliasse, supportasse.

Non ho ricordi tangibili del suo passaggio: non una foto, un oggetto, nulla.
È tutto dentro di me e in quelle poche cose che nel tempo ho raccolto e messo in una piccola scatola. La sua scatola dei ricordi.
Il giorno successivo al parto mi hanno medicata, rimessa più o meno in piedi, prescritto il dostinex (il farmaco che interrompe l'arrivo della montata lattea) e mandata a casa. "Ne faccia presto un altro, è giovane, ha ancora tempo" e mi hanno congedata.
Una volta a casa il latte è arrivato lo stesso, il mio corpo era in fermento, pronto ad accogliere un bambino che noi stavamo seppellendo.
Mi sembrava di aver perso un pezzo del mio corpo, non dormivo, non mangiavo, non mi sentivo compresa da nessuno e avevo un figlio di tre anni che reclamava sua madre come prima, così come l'aveva lasciata.
Mi sentivo inadeguata, mi nascondevo da tutto e da tutti, ero disperata e rabbiosa, ma soprattutto ero piena di sensi di colpa per la morte di mio figlio, mi divoravano! Stavo così male che oggi, ripensando alla me di allora, mi si stringe il cuore.
I primi mesi sono stati un inferno.
Ho tentato un percorso di psicanalisi ma senza grossi successi.
Continuavo a sentire il bisogno di parlare con qualcuno che avesse vissuto la mia stessa tragedia ma non conoscevo nessuno, finché un giorno, finalmente, mi sono messa al computer e ho scoperto il sito di CiaoLapo: "Ho appena perso il mio bambino, cosa posso fare?" queste parole sono state un faro nella nebbia.
Ho trascorso su quel sito, nel forum, ore, giorni, settimane, mesi. Ho conosciuto tante donne con storie simili alla mia, ho partecipato ai loro incontri, sono entrata in un gruppo di auto mutuo aiuto, un balsamo per il mio cuore straziato.
Piano piano, ho cominciato a rifiorire, grazie alla rete che Claudia ha creato.

Ho avuto un'altra bambina, Viola, il mio arcobaleno.
Sono passati quasi 10 anni da quel 14 gennaio 2011, io sono cambiata tanto, le cose attorno a me sono cambiate, io e mio marito ci siamo separati.
Il dolore non mi strappa più la carne come i primi tempi ma fa parte di me, della mia storia, ci convivo, ne parlo e quando lo faccio l'onda emotiva mi accompagna ancora.
A volte mi chiedo se si affievolirà mai, se riuscirò a parlarne (o scriverne!) senza che il battito acceleri, gli occhi diventino lucidi, ma poi, tutto sommato, non mi interessa e non mi dispiace. Riuscire a parlare di mio figlio, pronunciare il suo nome, raccontare la nostra storia è stato un grande traguardo per me, una conquista che ha richiesto tanto tempo e tanti sforzi e quell'emozione che ancora oggi mi accompagna, ricordandolo, è preziosa.
È il segno tangibile del mio legame con lui, immutato, immutabile.

S.

CINQUANTATREESIMA LETTERA

CIAO NICOLÒ PIO

Nicolò Pio, il mio primo bambino, oggi per me e la sua sorellina è una stellina.
Nicolò è nato il 5 settembre 2014. Una gravidanza tranquilla all'inizio. Alla morfologica scopro che il mio bimbo non cresce come dovrebbe. Troppo piccolo. Da quel momento comincia il mio calvario. Inizio a girare ospedali, medici e tutti mi dicono la stessa cosa: "Possiamo solo aspettare". Aspettare cosa? Aspettare che il mio bimbo muoia nella mia pancia oppure aspettare e provare un parto molto probabilmente cesareo. A che condizioni si aspetta? Pregando e sperando che non succeda nulla a me e quindi nessun medico intervenga per salvarmi, perché in quel caso tra me e il mio bambino verrà scelto di salvare me.
Ma alla morfologica nulla è così chiaro. Mi viene prescritto riposo, eparina e aspirinetta per fluidificare il sangue e cercare di portare lui a un peso normale. Vado all'ultimo concerto di Ligabue sognando di portarci mio figlio al prossimo. Il giorno dopo ho l'ennesimo controllo da uno specialista.
Il verdetto comunicato al mio ex marito: "Se continua così perderai mamma e figlio".
Era il 24 luglio, mi faccio ricoverare il giorno dopo in ospedale. Aspetterò fino al 5 settembre pregando e bestemmiando per la rabbia e per quel destino così tanto crudele. Non potevo scegliere perché ero oltre ogni termine per praticare un'eventuale interruzione di gravidanza e oggi ringrazio ogni attimo di non aver dovuto fare nessuna scelta.
Il 5 settembre nasce con taglio cesareo il mio Nicolò Pio. 500 grammi di amore, forza e voglia di vivere. Lotta per otto giorni in TIN. Non dimenticherò mai con quanta forza mi sono alzata dal letto contro ogni parere medico, fatto le

scale perché l'ascensore non arrivava e corsa da lui. Non dimenticherò mai quelle lacrime prima di entrare, un misto di dolore e felicità. Per otto giorni ho potuto vederlo un'ora al giorno, gli portavo il mio latte come se fosse la pozione magica, l'ho toccato, ma non ho mai potuto sapere quale fosse il suo odore di bambino appena nato, non ho potuto stringerlo a me.

Spero solo che abbia sentito la mia presenza in quegli otto giorni dove ho sperato con tutta me stessa di portarlo a casa.

La sua morte ha lasciato un vuoto che non si colmerà mai. Una donna piena di sensi di colpa per tutto quello che avrei voluto fare e non ho fatto. Una mamma a metà divisa tra cielo e terra, dove oggi abbraccio annuso e stringo forte la sua sorellina.

Oggi avrebbe avuto 6 anni e non c'è giorno che io non guardi un bambino in giro o sua sorella e provo ad immaginare quanto sarebbe alto, se quegli occhioni che aveva sarebbero stati identici a quelli di sua sorella, scuri e profondi.

Senza CiaoLapo non sarei mai arrivata a parlare di mio figlio così. Ricordo i giorni dopo la sua morte passati a letto a piangere e disperarmi senza uscire dalla camera per settimane intere. Le parole che ferivano come un pugnale. Le giornate passate a cercare su Internet qualcuno che potesse capire tutti i miei silenzi fino a quando ho iniziato a leggere di CiaoLapo.

R.

CINQUANTAQUATTRESIMA LETTERA

IL MIO CUCCIOLO

La mia gravidanza inizia nel settembre 2014, dopo un anno e mezzo di ricerca, senza nessun'ansia ma molto desiderata, ed è quindi stata accolta con molta gioia. Tutto procede per il meglio per i primi sei mesi, scopriamo con molto piacere che arriverà un bellissimo maschietto a cui daremo il nome Federico e tutto ci sembra fantastico, nonostante un imminente trasloco e un sicuro stravolgimento delle nostre vite.

Inizio ad avere qualche segnale che qualcosa in questa gravidanza non va: pressione spesso alta, epistassi molto sovente e con l'avvicinarsi dell'ottavo mese un gonfiore delle gambe veramente fuori dal comune. Molte volte ho avvisato e dichiarato le mie perplessità e le mie preoccupazioni alla ginecologa che ha seguito tutta la gravidanza, ma a volte sono stata ascoltata, a volte sono stata quasi colpevolizzata di avere futili preoccupazioni (cosa che tra l'altro, vuoi anche per colpa degli ormoni, mi aveva parecchio ferito).

Si avvicina sempre di più la data del parto e io sento l'esigenza di vedere il mio cucciolo. La mia ginecologa mi propone un'ecografia in 3D per poter dare finalmente un volto un po' più preciso, oltre alla nostra immaginazione, a quello che sarebbe stato, ma lo è ancora ora, l'amore della nostra vita. È l'11/05/2015, faccio l'ecografia e mi innamoro ancora di più di quel dolce musetto e di quel nasino a patata che siamo riusciti ad intravedere a fatica, perché la sua posizione non era delle migliori per poterci fornire la migliore inquadratura. A fine controllo la dottoressa mi comunica la sua preoccupazione perché per l'epoca gestazionale in cui mi trovavo le dimensioni di Federico non erano molto in linea; tendevano al medio-basso, come se non stesse crescendo quanto dovesse. Mi riprogramma un altro appuntamento per monitorare la situazione al 23/05/2015. Passano i giorni con le solite problematiche e alle mie paure si aggiungono i commenti delle persone che vedendo il mio pancione non lo ritengono grande quanto dovesse essere, senza sapere nulla di quello che in realtà mi stava accadendo. Vado a lavorare ancora per gli ultimi giorni prima di entrare in maternità obbligatoria, ma sono giorni tremendi, attanagliati da un mal di testa fuori dal comune e soprattutto da un mal di stomaco insolito, mai avuto, dolorosissimo; un mal di stomaco che dava la sensazione di avere una barra di ferro piantata lì e che a volte faceva mancare il respiro. Contattando la mia ginecologa mi risponde che è tutto normale arrivando alla fine e mi dà da prendere un semplicissimo Buscopan (che non avrà alcun effetto ovviamente). Siamo a venerdì 22/05/2015, il giorno precedente alla visita. Non mi sento per niente in forma e molto, molto sporadicamente inizio ad avere delle piccolissime contrazioni. Chiunque penserà: "Ma come fai a sapere che sono contrazioni alla prima gravidanza e alla soglia del nono mese?". Beh, il corso pre-parto e nove mesi passati su internet insegnano e poi una mamma o futura mamma se lo sente, lo sa capire ed interpretare quel dolore. Mi spavento un po', ma mi hanno insegnato che sono entrata nel periodo prodromico e che quindi tutto può essere nella norma. Do la colpa anche ai 1000 lavori che sto facendo per la casa nuova e decido quindi che quella giornata me la sarei presa per riposare. Raggiungo casa di mia mamma per rilassarmi ed essere coccolata un po' visto che mio marito lavora in fabbrica e passa il tempo restante a sistemare la nostra nuova casa. Durante la giornata le contrazioni sembrano aumentare, ma parliamo comunque di ore di distanza tra una e l'altra. Per sicurezza decido di sentire la mia ginecologa, ma non mi risponde e non mi risponderà mai, né al cellulare, né in studio e nemmeno negli ospedali dove so che lavora. Mi sento sola e preoccupata e non so se andare all'ospedale o no. Al corso pre-parto ci è stato spiegato molte volte di non correre in ospedale per nulla, ma di aspettare il momento giusto. Spinta comunque da questo malessere e da questi dolori chiamo almeno una guardia medica che mi consiglia riposo e pastiglie di Buscopan.

Arriva la sera e la notte, le contrazioni ormai si avvicinano l'una all'altra e non mi fanno dormire. Alle 8 del mattino ho la visita programmata, quindi decido semplicemente di presentarmi in ospedale (sede della visita) un'ora prima, perché sono realmente preoccupata e perché al risveglio, dopo essermi assopita per poche volte, ho trovato delle perdite di sangue.

Al mio arrivo la ginecologa mi aspetta e iniziamo subito la visita. Dopo il mio racconto si giustifica per non avermi risposto con un turno ospedaliero molto pesante.

Da subito, non appena ha appoggiato l'ecografo sulla mia pancia noto un'espressione strana sul suo volto: è teso, ma non mi dice nulla. Chiama un altro dottore per avere un consulto, entrambi indicano lo schermo (che io non potevo vedere) e si guardano perplessi. Mi fanno alzare e mi fanno spostare in un'altra stanza con la scusa che forse l'ecografo non funziona bene. E lì arriva quello che è rimasto ancora oggi il momento più terribile della mia vita. Ricomincio un'altra visita e dopo qualche secondo in cui la dottoressa ha appoggiato l'ecografo sulla mia pancia mi dà la triste notizia: Federico non c'è più, il suo cuoricino non batte più. Da lì il buio misto a follia, la rabbia, le lacrime infinite. Dico cose che non mi sarei mai sognata di dire e chiedo solo di poter partorire. Le contrazioni sono da parto, ma quasi non le sento, il dolore del cuore è quello che mi toglie il respiro, mi annebbia la mente e non mi fa sentire nulla. Mi stringo tra le braccia e sento la disperazione di mio marito e di mia mamma che sono sempre stati accanto a me che non sanno neanche loro come consolarmi e consolarsi. Passano le ore, mi vengono fatti vari accertamenti e senza spiegarmi molto vengo trasferita d'urgenza in un altro ospedale vicino più grande e attrezzato. Devo partorire. Non ce la faccio più, sono stremata da tutto. Ho bisogno di partorire. Alle 14:28 del 23/05/2015 viene al mondo Federico, con una fatica pazzesca, senza vita, ma per me, in quel momento, per quanto possa essere assurdo, è gioia. Avevo deciso di non volerlo vedere e le ostetriche rispettano la mia decisione. In ogni caso, comunque, ciò non sarebbe stato possibile perché stremata da tutto, svengo nel letto di quella stanza di cui ancora sento l'odore oggi. Passano le ore e mi risveglio e ho un unico e solo pensiero. Vedere il mio bambino. Mi accompagnano nella stanza in cui è stato riposto e finalmente lo vedo: bello come il sole, piccolo, indifeso, stupendo, con il nasino e i capelli del papà. Non lo vorrei più lasciare, ma non posso stare lì e non posso tenerlo. Ho bisogno di cure e in quel momento non capisco bene cosa mi stia succedendo, ma non ho la forza di reagire a nulla e vado in stanza per iniziare delle trasfusioni di plasma.

Il giorno successivo ho finalmente un primo colloquio con la capo sala del reparto di maternità che finalmente mi spiega cosa sia accaduto. Ho la sindrome HELLP. Mi spiegano di cosa si tratta e cosa ha causato quindi la morte di Federico. Mi spiegano che il mio stato di salute non è assolutamente buono e che ho bisogno di una ripresa di un certo livello per poter andare a casa e che fino a quel momento non avrei potuto lasciare l'ospedale per nessun motivo. Passano i giorni avvolti dallo sconforto più totale in cui non so nemmeno se affrontare il dolore o se cercare di soffocarlo nella speranza di riprendermi fisicamente per scappare da quel posto che ormai considero maledetto. Sono confusa, non mi do pace per la perdita del mio bambino bellissimo, cerco spiegazioni, provo a capire nonostante tutto, ma sento intorno a me da parte di ogni dottore una sorta di silenzio che deve coprire un qualcosa, un silenzio che nel tempo capirò che non voleva spiegare che si tratta sì di un raro, rarissimo caso di HELLP, ma anche di una situazione trascurata, troppo trascurata da chi invece mi doveva aiutare. Ma la ginecologa faceva e fa

tutt'ora parte del team della maternità di quell'ospedale e quindi doveva essere "protetta". Cerco su internet, mi informo nonostante tutto per capire cosa sia questa sindrome, leggo i sintomi, leggo tutto e capisco. La rabbia mi assale, mi acceca, ma immediatamente capisco che non serve a nulla...niente e nessuno mi riporterà indietro il tempo e il mio Federico. So solo, e lo credo ancora oggi, che il mio bambino mi abbia salvato la vita donandomi la sua, l'esatto contrario della natura insomma. Ed è una sofferenza così immensa da non saperla spiegare. Mi vengono concesse due sole ore dai dottori per raggiungere il cimitero del mio paese e per poter dare una degna sepoltura al mio bambino. Nel frattempo, la mia situazione peggiora al posto di migliorare. L'intero team di dottori è nel panico, si prepara la rianimazione perché da un momento all'altro potrei entrare in coma o addirittura andarmene e nessuno sa come fare. I miei esami del sangue sono un disastro totale. La ginecologa che nulla ha fatto per fare in modo che Federico fosse ancora tra le mie braccia decide però di prendersi tutte le responsabilità del caso chiedendo urgenti trasfusioni di sangue, plasma e piastrine. Dopo ore ed ore di trasfusioni inizio la risalita almeno a livello fisico e dopo altri dieci giorni finalmente posso lasciare l'ospedale. Vuota. In ogni senso. Da quel momento la mia vita, che doveva essere stravolta dalla gioia più grande, è invece un disastro. Non so da che parte ricominciare, da dove. Durante il periodo ospedaliero mi hanno subito proposto l'aiuto da parte di CiaoLapo ma non me la sono sentita. Non sapevo gestire nemmeno il mio di dolore e non me la sentivo di ascoltare anche quello degli altri genitori che come noi avevano subito una tale perdita. Questa è la mia storia.
Inutile dire che ci è voluto ancora un anno e mezzo prima di ristabilirmi completamente, a livello fisico e mentale è stata durissima. Il tempo mi ha aiutato ad accettare questo dolore e ho imparato a conviverci perché niente e nessuno lo cancelleranno mai.

A febbraio 2017, non con poche difficoltà, è arrivato Gabriele. Pura gioia.
Ma nel mio cuore Federico c'è e ci sarà sempre e nessuno lo potrà mai sostituire. Perché non è un bimbo mai nato. Lui c'è stato, ha vissuto 36 settimane e 5 giorni dentro di me, ho sentito il suo cuore, ho sentito ogni suo movimento e lui mi ha reso mamma per la prima volta.
È il mio angelo custode e lo sarà sempre.

V.

CINQUANTACINQUESIMA LETTERA

UNA BOTTA TROPPO FORTE

Mi chiamo B., moglie felice da cinque anni di A. Ci siamo conosciuti tardi, io e il mio grande amore. Nel 2015 avevo 37 anni e lui 36 e come spesso accade a quell'età, siamo arrivati scottati e sfiduciati da tante storie passate andate male. Nessuno dei due era stato sposato, nessuno dei due aveva avuto figli. Era tutto un grande sogno, da costruire insieme. Un futuro radioso davanti che finalmente sentivamo nostro, dopo che per anni avevamo assistito ai matrimoni degli altri e alle nascite dei figli degli altri.
Sarà un racconto un po' lungo il mio perché purtroppo la nostra storia di dolore è lunga.
Nel 2016 abbiamo iniziato a cercare un figlio e decido di fare una visita di controllo. Mi dicono che ci sono problemi. Sembra che le mie tube non funzionino (eccoci, la prima di mille volte nelle quali mi sono sentita dire che qualcosa di me non andava bene), bisogna approfondire. Il primo compleanno di mio marito che passiamo insieme, lo passiamo separati: lui a casa nostra, io nel letto di un ospedale per fare una laparoscopia che mi avrebbe rivelato se ero affetta da una salpingite e se quindi mi sarei risvegliata dall'intervento senza più il sogno di poter mettere al mondo un figlio.
E qui la prima scoperta: signora, lei non ha l'apparato riproduttore di destra. La sua tuba e la sua ovaia destra non ci sono. Pare che mi siano state asportate a 12 anni durante un intervento di peritonite e non mi sia mai stato detto. Per tutta la vita nessuna ginecologa si è mai accorta di questa menomazione, anzi, spesso hanno visto cisti funzionali su un'ovaia inesistente. Però c'è anche una buona notizia: la parte di sinistra è sana, il suo utero è sano. Lei può...
Possiamo tornare a respirare, possiamo tornare a sognare.

Resto incinta dopo tre mesi, lo scopro il 30 gennaio del 2017. Il 14 febbraio la prima ecografia, e quel battito che non ci lascerà mai.
La gioia, i pianti, la felicità... Non voglio ricordarli perché fanno ancora male, troppo male. Ripenso alla me stessa di quei giorni con tanta tenerezza. Ancora non sapevo. Ancora non immaginavo.
Il 21 febbraio mi sveglio con una brutta sensazione. Nessuna perdita (in ospedale dirò di averla avuta, altrimenti mi prendono per pazza), ma una grande certezza. Sento che il mio bambino non c'è più. E non è una paura. È davvero una certezza. Ma come lo spieghi ad un dottore? Mi fanno attendere 5 ore ("signora, tanto è solo alla settima settimana, può aspettare, abbiamo casi più urgenti") e poi l'ecografia, e poi il nulla. In stanza con me c'erano quattro ginecologi (non erano certi di cosa stavano vedendo), ma io ero sola, ero nel buio totale. "Non c'è più battito", "Signora, capita, perché piange? Succede a tante donne, non sarà la prima ma neanche l'ultima".
Non ricordo i giorni successivi, a stento ricordo il giorno del raschiamento. Solo vuoto e pianto, tanto. Ma poi ci si rialza, il progetto di avere una famiglia merita tutto il coraggio dell'universo e ci rimettiamo in piedi. Ma dobbiamo capire perché è successo, perché a noi, quella domanda, quella domanda ripetuta all'infinito ha reso la mia vita un inferno, quella domanda mi ha piegato.
"Signora, non sembra esserci nessuna causa, solo sfortuna" un sadico e macabro ritenti, sarà più fortunata.
E noi ritentiamo, e il 17 giugno del 2017, la mattina del nostro matrimonio, scopro di essere incinta. È un segno del cielo, ci diciamo. Decidiamo di non dirlo a nessuno perché il giorno dopo saremmo partiti per l'Australia e non volevamo far preoccupare i nostri genitori, già provati dall'aborto precedente quanto noi. Ci sposiamo con questo grande segreto nel cuore, ed ogni foto di quel giorno mi ricorda quella complicità totale fra me e il mio fantastico marito.

Ma in viaggio di nozze, una mattina, ho dei forti dolori. Durante una passeggiata a Melbourne mi sento male, mi infilo nel primo centro commerciale e corro in bagno. Emorragia... Non volevo uscire da quel bagno per non dare ancora una delusione a mio marito... perché è in quel momento che ho iniziato a credere che ero sbagliata, che non valevo niente perché ero solo portatrice di morte e non di vita. Nel mio corpo il nostro amore moriva nonostante nel mio cuore fosse la cosa più bella mai vissuta. Era un senso di colpa che non lasciava respirare.
Tornati a Milano entriamo nel tunnel degli esami per capire la causa, e no, ancora una volta, non sembra esserci nessuna causa, se non la mia età. Ormai 39enne, non sono più in grado di generare vita. Puoi solo immaginare come una notizia del genere può aver scavato in me, già in preda ai sensi di colpa e al totale senso di inadeguatezza. Insieme ad Alberto cercavamo di combattere quel senso di ingiustizia per quello che ci stava accadendo, con la grande paura che il nostro giovane amore potesse non resistere a quel bombardamento di dottori, esami, referti.
Ci prendiamo qualche mese per riflettere, e quando tutti gli esami ci confermano l'assenza di una causa apparente, ricominciamo a provare. È fine novembre, il test è ancora positivo. Ma non c'è più quella gioia che dovrebbe accogliere una notizia del genere. Solo una fredda constatazione, che mal celava una preoccupazione enorme. Facciamo gli esami, faccio l'ecografia. C'è il battito, ma il bimbo è troppo piccolo per la settimana di gestazione. "Signora, non si faccia illusioni", il freddo responso.
E il giorno di Natale, quando il mondo festeggia una partoriente e il suo bimbo, io sono in un pronto soccorso alle 11 di sera in piena emorragia, di nuovo. "Nessun battito, signora". Di nuovo. Torniamo a casa dall'ospedale senza riuscire a dire una parola. Arrivati a casa corro in bagno perché ho dei dolori fortissimi, e lì lo butto fuori: un grumo enorme nel water. Mio figlio era nel water e io

ho dovuto tirare l'acqua come se fosse in rifiuto. Non me lo perdonerò mai. Non avevo alternative, ma continuo a dirmi che sono una madre di merda perché ho lasciato mio figlio andare nelle fogne.
La botta è stata troppo forte. Sono stata talmente male che il mio corpo ha reagito con il fuoco di Sant'Antonio in testa, nella parte sinistra del cervello, quella razionale. Quella che continuava a chiedersi perché a noi, quella che continuava a dirmi che era una madre di merda, una donna di merda, una moglie di merda.
Proseguiamo con gli esami, ancora più invasivi (un'isteroscopia senza sedazione fatta da una laureanda) che non danno risultati. Non ho niente. Mio marito non ha niente. Sono solo vecchia, ma ci dicono di riprovare, per la legge dei grandi numeri andrà bene prima o poi.
E noi stupidi che ascoltiamo e che riproviamo.
Abbiamo un quarto aborto biochimico alla quinta settimana e dopo un mese e mezzo, a fine novembre, scopro ancora di essere incinta. Ma questa volta non era cercato. Non era voluto. Abbiamo avuto un solo rapporto non protetto, il sesto giorno dopo le mestruazioni, è impossibile. E invece è vero. Ed è una tragedia, perché non c'è più gioia, ma solo paura ad accogliere quella notizia.
Il ginecologo mi mette in malattia subito; noi siamo nel bel mezzo di un trasloco, ma nessuno mi fa toccare niente. Sono di porcellana. Nonostante fisicamente mi senta un leone, sono fragile come mai nella vita. Facciamo un controllo a settimana. Il bimbo sta bene questa volta. C'è battito, è forte, e lo sento ancora. Cresce bene da una settimana con l'altra. "Festeggiamo" il Natale, con il pensiero al bimbo in arrivo ma soprattutto il pensiero al bimbo (ai bimbi...) che dovevano essere già lì con noi.
Il 29 dicembre mi sveglio, ancora con quella certezza. Il mio bimbo non c'è più. Mio marito mi dice che sono pazza (la prima vera litigata), ma io lo so. E l'ecografia purtroppo mi darà ragione.

Il suo cuore si è fermato, forse proprio il giorno di Natale secondo i calcoli. Forse proprio quando, invece di pensare al bimbo che avevo in pancia, piangevo per quelli che non c'erano di più. L'ennesima conferma che sono una madre di merda.
Decido di non fare nessun raschiamento. Non ho voglia di avere dottori intorno, non voglio andare in ospedale. I miei genitori sono all'estero per Capodanno e ad ogni telefonata (una media di tre al giorno perché preoccupati) li rassicuro che tutto sta andando bene. Vedere la loro disperazione quando ho dovuto dirglielo, appena rientrati, quando non potevo più fingere, è uno dei dolori più grandi che ancora mi porto dietro.
Ho aspettato fino al 10 gennaio, giorno in cui sono iniziate le contrazioni. Per cinque giorni ho avuto violente emorragie (questa volta ero alla nona settimana), sono svenuta più volte, per fare la doccia dovevo sedermi e farmi lavare da mio marito, non potevo alzarmi dal letto, avevo 40 di pressione minima. Fisicamente ero devastata, ma non era niente rispetto a come mi sentivo dentro. Non avevo neanche più parole per riuscire a spiegarlo.

Quello è stato l'ultimo tentativo. Non ci abbiamo provato più naturalmente. E ritornare ad avere un'intimità con mio marito non è stato semplice. Ci hanno consigliato di rivolgerci a quelli bravi, alle fantomatiche cliniche in Spagna, per fare una fecondazione eterologa che fino ad adesso, in due anni, non ha portato nessun risultato (quattro tentativi totalmente falliti).
CiaoLapo è arrivato nella nostra vita a gennaio 2019, mentre stavo abortendo a casa l'ultimo mio bambino. E solo lì io e Alberto siamo stati chiamati con il nostro nome: mamma e papà. Solo lì i nostri bambini sono vissuti e il nostro dolore per non averli con noi è stato riconosciuto e capito.
Ma per il resto del mondo io e Alberto siamo due poveretti che non riescono ad avere un figlio. Per il resto del mondo

i nostri bambini non ci sono. Nessuno ha mai visto la mia pancia, che non ha mai fatto in tempo a crescere, quindi per il resto del mondo io non sono mamma e i miei bambini non sono mai esistiti. E di conseguenza neanche il dolore per non averli con me, per non sapere mai che faccia avrebbero avuto, come sarebbero stati i loro piedini, che voce avrebbero avuto.
E anche chi sa la nostra storia, anche gli amici e i parenti più stretti, non hanno mai capito. Le frasi "Dai, eri solo all'inizio", "In fondo non si era ancora formato", "Meglio adesso che dopo", erano l'unica fonte di "consolazione" che avevamo. Quanta solitudine, quanta vergogna, quanta sofferenza.
E poi l'isolamento al quale ti condanni, perché ovviamente il mondo va avanti, ma tu non sei più tu. Le amiche non sanno più come maneggiarti perché d'improvviso non sei più la cazzona del gruppo, la "simpa della cumpa", ma sei il tuo problema ai loro occhi. Un problema così grande che non si sa da che parte va preso, un problema che fa paura a chi sta programmando magari un'altra gravidanza che sta andando bene, ma che non sanno come dirti perché ci rimarresti male.
Resti sola, molto sola. Piangi per la perdita dei tuoi figli ma anche quando trovi la forza di rialzarti, piangi perché capisci che hai perso anche te stessa, andata via pezzo dopo pezzo con ognuno di loro. E devi costruirti di nuovo, partendo da nervi scoperti e da ogni parte dolorante del tuo io più profondo. Una fatica immane.
CiaoLapo non ci dà risposte, ma ci regala uno spazio dove le domande sono lecite. E anche solo poterle buttare fuori aiuta a non averle più pesanti nel cuore. Grazie a CiaoLapo, ad una terapia mirata, al buddismo e alla mindfulness ho ricominciato a respirare piano piano. E mio marito con me. Perché dei mariti non si preoccupa mai nessuno. E il loro dolore è ancora più inascoltato del nostro. Ma sono delle anime talmente pure che vederci stare bene gli basta a regalargli il sorriso. E il dovermi fare

forza per lui è stata la spinta principale. Gli ho fatto questo, gli ho provocato questo dolore, e non posso reiterarlo ogni giorno che Dio manda in terra.
Ho smesso di domandarmi "Perché a noi", e ho iniziato a chiedermi "E ora con questo dolore che ci faccio?". E ho capito che il primo passo è condividerlo, perché altre donne non si sentano sole come sono stata io. Perché a quella sofferenza da braccia vuote, a quel senso di colpa, di inadeguatezza, a quella vergogna, non si aggiunga anche la solitudine.
Purtroppo, siamo un esercito, ma un esercito silenzioso, chiuso nel nostro dolore. Appena si riesce di nuovo a far capolino nella vita, bisogna parlarne.
Non scegliamo cosa ci capita nella vita, ma possiamo sempre scegliere come reagire: dopo tanta fatica io ho scelto l'accoglienza di questo fardello e non la rassegnazione. È parte di me, di mio marito, della nostra storia.

B. e A.

CINQUANTASEIESIMA LETTERA

CIAO ENEA

Questo è il mio pensiero per mio figlio Enea, il nostro primo ed unico bimbo, a distanza di quasi un anno dalla sua nascita-morte alla trentesima settimana di gravidanza. È accaduto tutto per un distacco massivo di placenta non diagnosticato da operatori sanitari superficiali e svogliati. So cosa significa essere stanchi, frustrati e demotivati nella sanità pubblica, ma la loro disattenzione ci ha stravolto la vita, e anche io ho rischiato seriamente di perderla. È stato un anno infernale, fatto di pochi ma significativi alti e troppi, davvero troppi bassi, che più bassi non si può. Abbiamo non semplicemente toccato, ma raschiato il fondo. In tutto ciò non ci è stato ancora concesso dall'autorità giudiziaria di dare una degna sepoltura a nostro figlio. Ma grazie al sostegno e al confronto che ci ha regalato CiaoLapo, grazie al percorso di terapia intrapreso, grazie alle nostre famiglie, ai nostri amici, al nostro amore di moglie e marito e soprattutto grazie all'Amore che Enea ci ha regalato, siamo ancora in piedi.
Il 24 Ottobre 2019 alle h.12.31 ho capito che le cose brutte accadono. E nel momento in cui non facevo altro che chiedermi "ma perché proprio a me (a noi)?" mi sono detta "e perché NON a me?". Quando la vita, con le sue innumerevoli piccole rogne, scorre tutto sommato regolare, non ti capaciti di come sia possibile che la terra sotto ai tuoi piedi si sgretoli completamente in un solo attimo e in quell'attimo tu perda la cosa per te più preziosa al mondo, nell'intero universo. Per una abituata a programmarsi la vita è folle che la tabella di marcia salti così violentemente. Avrei voluto non svegliarmi mai più. Questa sensazione di rabbia, vuoto incolmabile e rifiuto mi ha accompagnata per mesi. Non pensavo che un essere umano potesse contenere così tante lacrime. Poi ho capito

che se sono rimasta qui è perché deve esserci un senso, anche se stento ancora oggi a trovarlo.

Ma ricordare questo reset come il dolore più forte, viscerale e profondo mai provato sarebbe ingiusto e riduttivo. Perché una sofferenza così grande può essere percepita solo se dietro c'è l'Amore più incondizionato che si possa nutrire in tutta l'esistenza. L'Amore per tuo figlio non si spiega. Ti arriva dal nulla e dal nulla capisci che ciò che provi per quella piccola creatura non potrà mai più essere modificato, per nessuna ragione al mondo. Ed è l'unico tipo di Amore che merita il per sempre. Questo sconfinato dolore non è nient'altro che Amore allo stato puro, che non ha trovato una collocazione, un posto dove andare, che non può essere convertito in nessun altro tipo di Amore.

Credo che ogni Mamma scelga il nome del proprio bambino con tanta cura. L'unica cosa di cui sono certa in tutta questa storia, anzi no, in tutta questa tragedia, è che Enea, che significa "degno di lode", sia proprio un nome azzeccato. Qualcuno potrebbe pensare che sia un nome un po' troppo strano. Qualcun'altro che questo piccoletto apparentemente non abbia fatto in tempo a fare un bel niente nella sua vita, ma vi sbagliate. È stato in grado, probabilmente molto più di tutti noi grandi, di sprigionare Amore.

Non potrò mai dimenticare la felicità assoluta che mi hai permesso di vivere, la gioia che il mio cuore faceva fatica a contenere, quel senso di bellezza, entusiasmo, purezza e invincibilità mai provato prima.

Non potrò mai fare la tua Mamma, ma sempre e per sempre lo sarò.

L'unico regalo che posso farti, in cambio di tutto questo Amore, in cambio del tuo visetto pitturato e disarmante, è non privarti mai della giustizia, del rispetto e della dignità che il tuo passaggio merita e continuare ad amare e a condividere tutto insieme al tuo meraviglioso Papà, molto più del primo giorno.

È difenderti da tutte le cattiverie involontarie che la gente si è permessa di sparare, senza un briciolo di tatto. "Ma la pancia dove sta?". "Sei giovane". "Ma sto bambino è nato?" "Passerà". "Meglio prima che dopo". "Meglio morto che disabile". "Devi lasciarlo andare". "Si vede che doveva andare così". "Devi avere pazienza". "Ma non è un figlio vissuto". "Farne un altro" non sostituirà mai lui. Se mai arriverà sarà suo fratello o sua sorella. La pazienza è per me un concetto ridicolo e superato da tempo e no, non doveva andare così, proprio per niente. Se non ci siete passati è meglio tacere perché la disperazione è di chi la indossa, non di chi la guarda, chiaro?
Sto lavorando ogni giorno per far spazio solo all'Amore, anche se la strada è ancora lunga e ripida e la spensieratezza non potrà più appartenermi. Ma troverò quella serenità che meritiamo, lo farò solo per te.
Buon primo compleanno in cielo, Enea Mio, amore della mia anima, unico e immenso.
Mi manchi sempre e sopra ogni cosa.

M.

CINQUANTASETTESIMA LETTERA

CIAO DARIO

Questa è la storia del mio aborto, del mio aborto cosiddetto terapeutico, perché non è stata la natura per mezzo delle sue leggi perfette ed indecifrabili a scegliere per me, ma sono stata io è soltanto io a decidere di ingoiare quella pillola e di far nascere il mio bimbo a 22 settimane, quando il suo piccolo cuore ancora batteva.
Questa è la storia di Dario, il mio gigante di 800 gr, del mio primo figlio e del mio immenso amore per lui.
L'inizio della fine del nostro legame terreno è iniziato esattamente due giorni prima di Natale 2019, quando una schiera di medici in piedi di fronte a noi, con una sorta di affettuoso distacco, ci ha comunicato che dall'esame ecografico era evidente una grave e rara malformazione, l'ernia diaframmatica: alla nascita i polmoni di Dario non avrebbero respirato.
È iniziato così il dolore, come una specie di affilato punteruolo che ti penetra lentamente nel cuore mentre una mano invisibile ti stringe il collo impedendoti di respirare.
Erano i giorni di Natale e, mentre parenti e amici telefonavamo per organizzare scambi di regali e aperitivi, noi abbiamo iniziato il nostro veloce percorso di decisione tra esami genetici, colloqui, consulti, visite e accertamenti.
Dario è nato il 5 gennaio alle 12:50.
Non era mi intenzione volerlo vedere, nella mia testa, che in quei momenti faticava a ragionare, non volevo alimentare un dolore già insopportabile; è stato il mio compagno a convincermi a non avere paura e di questo lo ringrazierò finché avrò fiato per respirare.
Dario è stato tra le mie braccia pochi minuti, i minuti più belli della mia vita. Dormiva Dario, dormiva ed era bellissimo, piccolo e bellissimo.

Sono riuscita a chiedergli scusa perché, anche se pienamente convinta e consapevole della scelta che ho intrapreso, mi stavo chiedendo se lui mi avesse realmente capita, se sapesse che io non lo avrei mai tradito.
E così dopo quei pochi attimi, le nostre strade terrene si sono separate per sempre, il suo piccolo corpicino ha imboccato quella dell'Obitorio ed io quella della lenta ripresa fisica.
La seconda parte della mia storia inizia con il ritorno a casa. Inizia con la pancia vuota, lo specchio da affrontare, coi sogni infranti da cancellare dalla mente, con pensieri brutti e tormentati, con un futuro da riscrivere. Tutto questo con il peso di un dolore atroce, di una disperazione totale e profonda, il peso del lutto che, come un vestito pesante ed ingombrante, ti si appiccica addosso e ti stringe in una morsa.
Molte volte, in quei primi giorni a casa, mi domandavo "ma Dario dov'è?", in fondo di lui mi rimanevano solo una cartellina con tutte le sue ecografie e una tomba al cimitero con una croce bianca con scritto il suo nome in corsivo.
Poi sono passati i minuti, i giorni e le settimane, la vita fuori continuava a trascorrere inesorabile ed è arrivato il momento in cui ho dovuto rialzarmi dal letto la mattina, prendermi cura di me, tornare al lavoro, riprendere i rapporti umani e compiere tutti quei gesti normali di ogni giorno che a me costavano una fatica disumana.
Molte persone mi sono state vicino, sinceramente, con discrezione e rispetto e nel giusto modo; ognuna di loro continuava a ripetermi: "Silvia, ci vuole tempo". Ho capito solo da poco il senso di queste banali parole. Il tempo non cancella il dolore e non lo diminuisce e questo perché quando una parte di te muore, è morta per sempre, non si ricostituisce, non si rigenera, non torna più.
Oggi, a distanza di alcuni mesi, posso però affermare che il tempo il dolore lo trasforma perché i pianti di disperazione fino a farti vomitare hanno lasciato spazio a lacrime più intime e silenziose.

Oggi alla domanda "cosa mi resta di Dario?" posso rispondere con più chiarezza.
Mi resta il suo ricordo, il saperlo scorgere nella vita quotidiana, all'improvviso ed inaspettatamente; mi resta la sua presenza costante e totale e sentirlo durante la mia giornata.
Mi resta l'amicizia con Luana, la mamma di Pietro, conosciuta grazie a CiaoLapo e con la quale ho condiviso lo stesso identico percorso, come se lei fosse il mio specchio ed il riflesso della mia anima.
Mi resta il suo nome come un'impronta indelebile che segna il suo, seppur breve, passaggio su questa terra; mi resta una scritta incorniciata su un quadro appeso in camera: ovunque tu sia, io so amare fino a lì.
E mi resta la sua voce sconosciuta che, durante un giorno di maggio, il periodo in cui sarebbe dovuto nascere, mi ha sussurrato: "mamma, è giunto il momento in cui puoi iniziare a guardare avanti".
Per me tutto questo, seppur ancora e per sempre accompagnato da un dolore penetrante e silenzioso, sembra tanto. Tutto.

S.

CINQUANTOTTESIMA LETTERA

CIAO SIRIA MARIA

Il 1 aprile 2017 scopriamo di aspettare un bimbo, il nostro secondo figlio. Il mio primo figlio è nato nel 2011 e si chiama Samuele.
All'inizio abbiamo tenuto nascosta la notizia, per scaramanzia e poi perché ne avevo perso uno sei mesi prima. Siamo andati alla prima visita il 20 aprile con l'ansia, non sapevamo come stesse andando, ma tutto stava procedendo per il meglio. C'era il battito e si vedeva
il fagiolino. Ci vediamo per la traslucenza. Eravamo al settimo cielo. Il 25 maggio ci rechiamo dal ginecologo per la traslucenza; tutto benissimo e ci comunica che è una bimba, sarebbe nata il 1 dicembre con cesareo, avendo io subito un intervento all'utero nel 2015. Abbiamo anche stabilito la data della nascita, se tutto fosse andato bene.
Comunichiamo la notizia a Samuele che mi accarezza la pancia e mi dice mamma sarà una femminuccia; l'indomani lo sapevano tutti. Samuele lo ha detto a scuola, lo ha detto ai nonni, era al settimo cielo; io dico al ginecologo che, siccome ad agosto avrei compiuto 40 anni, volevo fare il test del DNA; lui mi risponde: Erica, va tutto bene, perché vuoi farlo? E io mi sento più sicura.
Il 1 giugno 2017 mi reco nello studio del mio ginecologo e mi sottopongo al test del DNA, nel frattempo mi fa l'ecografia ed è tutto perfetto. Mi dice che dopo dieci giorni arriverà il risultato. L'8 giugno 2017 mi arriva una telefonata dal mio ginecologo: mi dice il test è risultato positivo per il 70%, la bambina aveva la sindrome di Turner. Gelo, dentro di me è subentrato il gelo; non è possibile, non può essere; il ginecologo mi dice di stare tranquilla e mi prenota lui l'amniocentesi per il 12 giugno. Andiamo a fare l'amniocentesi e il medico mi dice che per lui va tutto bene ed è inutile fare l'accertamento; a quel punto dico che voglio rifare l'amniocentesi; dopo due

giorni arriva il primo responso che conferma il test del DNA. Dopo dieci giorni ancora, la conferma definitiva: sindrome confermata, non era un mosaicismo. Mi dicono che è incompatibile con la vita.
Il 27 giugno la mia bimba nasce/muore. L'ho partorita. Il mio corpo durante il travaglio era attraversato da un dolore fortissimo, piangevo sapevo che poco dopo la mia pancia sarebbe diventata vuota, non c'era più lei con me. Era bellissima, piccolina, pesava mezzo chilo, era una bambolina; mio marito, che fino al momento della nascita/morte è stato sempre con me, mi teneva la mano e mi accarezzava i capelli, non se l'è sentita di vederla, è uscito. È stata battezzata, il suo nome è Siria Maria; il giorno dopo si torna a casa da Samuele che non sapeva niente. A lui era stato detto che la mamma andava in ospedale per dei controlli.
Sono andata a prenderlo all'asilo, ho incrociato gli sguardi compassionevoli di alcune mamme che sapevano; Samuele mi corre incontro, mi abbraccia, era felicissimo, mi accarezza la pancia; andiamo a casa. È stato un momento difficilissimo: gli ho detto che la sorellina non era stata bene e che i medici avevano fatto di tutto per salvarla ma non ci erano riusciti. Lui mi guarda con gli occhi pieni di lacrime e mi dice: ma io volevo tanto una sorellina. Il mio cuore si è spezzato in mille pezzi.
Il sabato il nostro piccolo angelo è stato seppellito al cimitero di dove viviamo, gli abbiamo messo nella bara dei vestitini e un pupazzetto; non abbiamo voluto nessuno con noi, c'eravamo solo io e mio marito. Doveva rimanere una cosa nostra; troppe persone avevano parlato a sproposito, avevano giudicato, avevano detto.
Dopo il 27 giugno le persone che conoscevo hanno iniziato a sputare sentenze: hai un brutto carattere, non vuoi l'aiuto di nessuno, hai escluso tutti i tuoi familiari, senza chiedersi il perché. Quelle stesse persone avevano nel periodo di attesa del responso avevano detto: ma come si fa a fare un figlio a 40 anni, poi sicuramente c'è qualcosa

che non va tra te e tuo marito, prima l'uovo chiaro poi questa; il tuo utero non va bene. Sei troppo nervosa, hai tanta rabbia, non va bene; fatti curare. Non va bene che Samuele parli della sorellina, non l'ha mai vista, sei tu che ne continui a parlare e turbi Samuele. Dopo tre settimane dalla sepoltura della bimba ci state già riprovando? Hai fatto il raschiamento? No, a beh, non hai fatto neanche il raschiamento. Io l'ho partorita, è diverso!
Ho intrapreso un percorso con l'associazione CiaoLapo e solo con loro ho capito che tutto quello che sentivo e provavo erano gli stessi sentimenti che i genitori in lutto provavano e mi sono finalmente sentita capita. Potevo tranquillamente parlare di Siria Maria. Mi sono sottoposta all'emdr per affievolire la mia rabbia e sono riuscita ad ottenere degli ottimi risultati. Anche Samuele ha fatto una seduta di emdr per rielaborare il lutto e adesso lui ne parla con serenità.
Siria Maria è sempre con noi

F.

CINQUANTANOVESIMA LETTERA

MAMME SPECIALI

La mia storia, la storia di mio marito, la storia della nostra famiglia, inizia esattamente nove anni fa con un test di gravidanza positivo. E questo momento di felicità è arrivato dopo un aborto spontaneo a sette settimane. La paura e l'ansia di arrivare e superare le sette settimane sono state le mie migliori amiche, poi pian piano con l'arrivo della nausea e successivamente i primi movimenti della nostra piccolina queste paure hanno lasciato spazio a nuove emozioni, fortunatamente positive.
La gravidanza poi è stata tranquilla e senza nessun problema. La data presunta del parto era fissata per il 1 giugno 2012. Qualche giorno prima la ginecologa mi visita e mi dice che tra pochi giorni arriverà la mia bimba. Il 30 maggio, il giorno prima del tracciato, sentivo i suoi movimenti ovattati, quasi impercettibili e mi sono preoccupata. Ho pensato che forse era arrivato il momento, che forse non riusciva a muoversi perché stava per nascere. Quella stessa notte sono iniziate le contrazioni e quindi io e mio marito ci siamo recati in ospedale. Erano le 4 del mattino. In ospedale l'ostetrica non riesce a trovare il battito per eseguire il tracciato, chiama la dottoressa di turno. Ci prova anche lei senza riuscirci. Mi portano in sala medica. Mi visitano. Non parlano. Si guardano. Ancora silenzio. Si girano verso di noi con le lacrime agli occhi. Cercano le parole giuste, più delicate possibili, come se volessero farci sentire meno dolore. Ma in realtà parte di me è morta lì in quella stanza, per sempre insieme alla nostra bambina. Da quel momento la mia mente, il mio corpo e il mio cuore hanno smesso di provare emozioni. Mi sentivo come uno spettro. Mi hanno indotto il parto e il 1 giugno 2012 alle 4.51 è nata Viola. Mio marito non mi ha abbandonato nemmeno un istante. Non ho voluto vedere mia figlia. Come se in qualche modo

sperassi di sentire meno dolore o di superare la cosa. Mio marito invece l'ha voluta vedere, vestire, coccolare. Poi una dottoressa è entrata in sala parto con in braccio mia figlia. Si è avvicinata a me e non so come è riuscita a farmela prendere tra le braccia. Era fredda. Era bellissima. Ho pianto non so quanto. Ho urlato. Non avrei mai più voluto staccarmi da lei. Non avrei mai voluto lasciarla andare. Ringrazio Dio per aver mandato quella Dottoressa nella stanza con mia figlia quel giorno. Perché con il tempo ho capito quanto mi ha fatto bene poterla vedere, tenerla tra le braccia, coccolarla.

Dopo i vari esami mi dicono che la bambina era sana. Morte bianca. I miei esami e quelli di mio marito sono perfetti. Ho paura del futuro, ho paura di incontrare le persone e dover dare loro una spiegazione, ho paura di tornare al lavoro. Sono stata seguita da una psicologa che mi ha aiutata molto, ha aiutato me e mio marito a capire che questo dolore non doveva dividerci, ma ci rende ancor più uniti di prima. Ho dovuto superare tante difficoltà, le opinioni non richieste della gente che nemmeno mi conosceva ma voleva dare il suo punto di vista.

La mia vita è cambiata. Tutti mi dicono sei più forte di prima. Io credo invece di essere più sensibile e a volte è un mio grande limite.

Ad ottobre 2012 rimango senza parole. Di fronte a me un test di gravidanza positivo. Le date coincidono tutte con la gravidanza precedente. Non lo dico a nessuno. Solo poche e fidate persone. Le visite sono state più ravvicinate e nonostante tutti mi ripetessero che tutto procedeva benissimo io non riuscivo a godermi come avrei voluto la mia gravidanza. Vedevo le altre mamme in attesa entusiaste ed eccitate e io mi sentivo fuori luogo. A febbraio è proprio difficile nascondere questo segreto. Mi sono sentita in colpa per non voler far partecipi gli altri di questa nuova speranza. Non abbiamo scelto il nome. Non ho voluto. Non ho preparato niente. E forse pronta non lo ero nemmeno io.

La ginecologa che mi ha seguita mi ha ascoltata, supportata e sopportata. Poi il 28 maggio mi ha ricoverata. Ha deciso di indurmi il parto. Il 30 maggio 2013 esattamente, un anno dopo, alle ore 7.21 è nata Marta. Non so come ci sono riuscita. Devo ringraziare mio marito che non ha mai smesso di amarmi. Oggi posso dire con certezza che mia figlia Viola mi ha insegnato un sacco di cose, anche se è stata con noi per così poco. Le persone che mi vogliono bene si ricordano di lei e per me questa è la cosa più bella. Le sue sorelle (nel 2019, dopo un altro aborto a sette settimane, ho avuto un'altra bimba di nome Bianca) sanno di lei, cercano di capire dov'è e la ricordano spesso.
Oggi posso dire che tutto quel dolore si è trasformato. Viola mi ha aiutato a diventare una persona migliore.
 Ringrazio CiaoLapo per tutto il supporto che dà e per avermi fatto incontrare altre mamme speciali, alle quali ho potuto dare il mio contributo per alleviare anche solo per un attimo il loro dolore.

I.

SESSANTESIMA LETTERA

UN SOFFIO DI AMORE ETERNO

A distanza di quasi due anni dalla morte della mia adorata Irene, mi fermo, respiro e trovo la forza di raccontare la nostra storia. Una storia di dolore e di amore, iniziata ancor prima del suo concepimento e precisamente nel novembre 2015 con la scoperta della malattia di mia madre. Dopo 7 anni, il male è ritornato in modo più aggressivo e violento. Inizia così un nuovo percorso della mia esistenza, quello in cui bisogna agire, informarsi, capire, parlare con i medici, lottare, sperare, prendere aerei, prenotare visite. Non c'è spazio per il dolore, per le lacrime, per la disperazione.
C'è solo spazio per la forza, la tenacia e l'amore. Un percorso che è terminato in un Hospice il 14 marzo 2017. Mia madre, donna energica, combattiva e solare, si è spenta a 67 anni.
Quante cose avremmo dovuto condividere insieme e non ci è stata concessa l'opportunità. Quanto avresti desiderato diventare di nuovo nonna.
Hai fatto in tempo a conoscere il mio amore, Bruno, sì proprio lui! Quello che sarebbe diventato il papà della nostra meravigliosa Irene.
Forse ti sei addormentata con un po' di serenità e speranza nel cuore: "Questa volta forse è fatta! Ha trovato quello giusto!".
"E ora come si fa? Chi pensa a noi? Chi pensa a papà che vive a più di 1.000 km da me e mia sorella?"
Tutte le certezze si sgretolano, gli equilibri da ricostruire, il dolore inizia a prendersi il suo posto, sempre a braccetto con l'amore. Tutti uniti, più di prima. Questo ci hai lasciato, cara mamma.
Ad un anno esatto dalla sua morte, scopriamo di essere in attesa di Irene. Tra le mille emozioni provate, io e Bruno non resistiamo e dopo mezz'ora le nostre rispettive

famiglie sapevano già. Pianti di gioia e di felicità. Tutto aveva un significato ben preciso, questo fagiolino era il dono delle nostre mamme.
Nulla di brutto può succedere, impossibile... io ho un angelo custode, che mi aiuterà a portare avanti questa gravidanza e a partorire.
Mi rivolgo a lei e le chiedo di non lasciarmi sola.
A luglio 2018 scopriamo che è una bimba, per l'estrema gioia del suo papà.
Si chiamerà Bianca o Irene?
La nostra bimba sta bene, la morfologica va benissimo e noi iniziamo a costruire i mattoncini del nostro nuovo futuro. La sua data presunta: il 30 novembre 2018.
La gestazione procede nella norma, solo qualche batterio vaginale che è stato poi risolto con un antibiotico.
Io non mi sono mai sentita così serena e radiosa. Cerco di stare attenta all'alimentazione, prendo pochi kg, faccio yoga e tutte le volte in cui sentiamo il suo cuore matto gioiamo, ci emozioniamo.
Si chiama Irene.
Il 12 ottobre arriva il mio 40 esimo compleanno, un compleanno unico che festeggio solo con gli amici e parenti più intimi. Mio padre prende il suo aereo dalla Puglia e ci fa una sorpresa: "Questo compleanno è troppo speciale per non esserci", mi dice. Sì è vero, troppo speciale, e non avrei mai immaginato di ricevere il regalo più grande di sempre, la mia bambina.
Manca ormai poco, siamo tutti pronti, finalmente compro l'occorrente per la sua nascita e creo un file excel di nome "Irene". Bruno e mia sorella mi prendono in giro tantissimo per questo file, ma a me non interessa, ormai posso lasciarmi andare agli acquisti e quindi niente può essere lasciato al caso. Le mie amiche di sempre non stanno più nella pelle, vogliono essere zie al più presto e se si contendono il titolo con le "vere" zie.
Finisce il corso pre-parto e inizia il conto alla rovescia. Mi sento stanca, insomma non vedo l'ora di abbracciare

questo piccolo terremoto che si emoziona quando le faccio ascoltare il suo pezzo preferito, "Looking Up" del grandissimo Michel Petrucciani (conosciuto grazie al suo papà).
Chi la ferma?
Grazie mamma! Sono arrivata qui alla visita a termine in ospedale.
Il 19 novembre ci rechiamo in ospedale, tutti i valori nella norma, i flussi corretti, il battito regolare.
Sei in posizione amore mio, che gioia! Così posso partorire naturalmente come avevo sempre desiderato.
Il 20 novembre ho tanto sonno, dormo parecchio e quando arriva la sera aspetto il tuo solito saluto.
"Che succede oggi? Dormi tanto come la mamma? Proviamo con la tua canzone preferita?"
Nulla...
Mi ripeto di smetterla e di non fare questi pensieri assurdi. Non sono mai stata una persona ansiosa, quindi cerco di tranquillizzarmi e così tra un po' la sentirò, ma non sono tranquilla, per niente. Anche il gatto fa cose strane, ha gli occhi fulminati e si muove all'impazzata, poi si appoggia sulla pancia (cosa che faceva raramente). Bruno inizia ad agitarsi.
Basta! Sono le 23 ed andiamo in ospedale.
Gli dico di stare tranquillo, faremo questo controllo e poi torniamo a casa più sereni.
Meglio prendere la valigia pronta con i cambi miei e di Irene, non si sa mai!
Quel tragitto sembrava interminabile, il cervello offuscato, i pensieri confusi, le parole che non riuscivano esattamente ad esprimere la paura ed il black out interiore. Tutto il resto è come vivere dentro un film dell'orrore.
Prima l'ostetrica che continua a cercare il battito e non lo trova, poi l'espressione disperata di Bruno e infine le parole del ginecologo. "Mi dispiace, non c'è battito"
No, non sono io la protagonista di questo film dell'orrore.

Non posso essere io, non possiamo essere noi. È una bugia, vi state sbagliando.
Io ieri ero qui e la bambina stava benissimo e poi... mia madre dov'è?
Mi ha abbandonato proprio adesso.
Cosa ho fatto di sbagliato?
Non sono una buona mamma.
Ricordo solo una parte delle frasi che mi sono state dette quella notte in pronto soccorso
"Non vi lasceremo soli"
"È consigliabile partorire naturalmente con induzione, capirà dopo i motivi"
"Le facciamo fare un colloquio con la psicologa"
No scusate, non ho capito bene... devo soffrire ancora? Cosa sarà di me? Di quel momento tanto desiderato, sognato e temuto? Siete davvero così crudeli? Sofferenza che si aggiunge ad altra sofferenza. Come può una donna affrontare un parto con una lancia trafitta nel cuore? Sedatemi, non voglio vedere nulla, voglio solo dormire e non svegliarmi più.
Invece una donna può tutto, anche nel dolore più estremo. La mia bambina è nata il 22 novembre alle 00.52, dopo circa 5 ore di travaglio.
La scelta di partorire con induzione è stata in effetti la migliore che potessi fare, sebbene difficile, dolorosa. Io e il suo papà, sempre al mio fianco, abbiamo avuto la possibilità di abbracciarla, stringerla, vederla e tenerla con noie farle delle foto. Bellissima, un perfetto mix tra mamma e papà. Il colore dei suoi occhi?
Lo immaginiamo e lo sogniamo.
Ci rimane questo struggente e dolce ricordo. Quello di aver potuto stringere la nostra bambina e trasferirle il nostro amore incondizionato.
Irene si è attorcigliata 4 volte nel suo cordone spiralizzato. Un evento raro, acuto e che non si può prevedere e soprattutto nella stragrande maggioranza dei casi non costituisce fattore di rischio.

Noi siamo questo evento raro, un incidente. Come essere colpiti da un calcinaccio durante una passeggiata.
Cosa stavi combinando bambina mia? Forse eri così desiderosa di uscire che hai fatto qualche capriola e sei rimasta intrappolata? Quel benedetto funicolo... che nella normalità porta la vita e non la morte.
Forse non volevi nascere in questo mondo pieno di cattiveria e poco solidale?
Forse non ci volevi come genitori?
Troppe domande che non trovano risposta, non trovano pace.
Dopo pochi giorni dal Ground Zero DAY (così lo identifico, il punto di rottura tra il passato e il futuro), ho trovato la famiglia di CiaoLapo, una nuova famiglia che ci ha permesso di esprimere il nostro dolore senza giudizio, con rispetto, prendendoci per mano passo dopo passo. Una famiglia a cui dobbiamo tanto.
Oggi, nonostante le tante domande non trovino ancora delle risposte, sappiamo con certezza che l'altra faccia del dolore è l'amore e che è possibile ricostruire i piccoli cocci dei nostri cuori feriti facendo spazio alla bellezza, alla condivisione, alla solidarietà, ai sentimenti nobili della pietas.
Per fare spazio abbiamo però bisogno di attraversare e vivere questo dolore senza sconti, non esistono scorciatoie. Perdere un bambino a qualsiasi settimana di gestazione è un evento terribile per entrambi i genitori; questo dolore ha bisogno di essere riconosciuto socialmente, è necessario educare all'utilizzo delle parole e dei comportamenti, abbiamo bisogno di gentilezza, amore, tenerezza, ascolto, di abbracci e non di frasi fatte, di freddi silenzi e di banalizzazioni.
Così fanno i maestri giapponesi con la loro arte del Kintsugi, riparano con fili d'oro gli oggetti andati in frantumi. Le ferite diventano preziose se nutrite con amore e dedizione.

Irene mi ha insegnato ad amare incondizionatamente, oltre i confini, aldilà del visibile come direbbe il nostro Piccolo Principe.
Mi ha portata a valorizzare ancora di più ogni cosa nella sua essenzialità, la bellezza di un fiore, di una farfalla, di un paesaggio, di un tramonto. Perché in ognuna di queste meraviglie create possiamo incontrarla. Alcune volte la vediamo svolazzante come l'ape maia, felice e curiosa, che ha deciso di esplorare un nuovo mondo da sola con la supervisione delle sue nonne. Altre volte è la nostra stella, quella più luminosa. Anche se a Milano non è sempre facile vederla.
Mi ha fatto riscoprire più empatica e meno giudicante nei confronti dei dolori altrui.
Mi ha aiutata a non farmi inaridire dal dolore, sebbene in alcuni momenti sia accaduto. Oggi non odio i bambini della sua età, ma li guardo con tenerezza, perché nei loro sguardi trovo la sua innocenza e genuinità. Oggi non odio più le donne con il pancione perché mi fanno ricordare quando e quanto eravamo felici insieme.
Grazie figlia mia, quanta ricchezza e profondità mi hai donato.
Sei parte di me, di noi, per sempre.
- Ho un buco
- Sì
- E ora?
- E ora niente
  Come niente
- Niente
- Come faccio?
- A fare cosa?
- A riempirlo
- Non si riempie
- Oh no!
- Oh sì!
- Quindi, se non si riempie cosa ci devo fare?

- Solo una cosa: ricordarti di lui, sapere che lo hai e non provare mai, mai e poi mai a riempirlo
- Perché?
- Perché i buchi sono fondi a perdere, qualsiasi cosa ci metti non lo ritrovi più, cade nel vuoto e nell'assenza, tu t'impegni, investi tempo ed energie, poi appena ti fermi a controllare a che punto sei, scopri che tutto quello che ci hai messo dentro e sopra non c'è più, uno sforzo inutile, capisci?
- Sì, più o meno... e quindi?
- Quindi puoi mettergli quello che vuoi intorno, intorno va bene, ma dentro no e anche se a volte ti sembrerà di esserci quasi riuscita, non crederti, il buco o prima o dopo tornerà a rivendicare la sua presenza.
Tutto e tutti vogliono essere visti e accettati per quello che sono, anche i buchi.
- Anche i buchi. Ma si vede tanto?
- Sì, da lì ti si vede tanto il cuore.

S.

SESSANTUNESIMA LETTERA

CIAO LEO

La mia storia inizia nel 2014 a quasi 26 anni d'età, quando mi diagnosticarono endometriosi profonda ed infiltrante. Diagnosi arrivata dopo anni di forti dolori. Nel giro di due mesi ero già sotto i ferri. Dopo l'operazione Il ginecologo mi suggerisce, se avessi voluto una famiglia, di provarci naturalmente e intanto mi prescrive qualche esame per indagare sulla mia fertilità. Ovviamente ho una scarsissima riserva ovarica e l'unica possibilità per me è ricorrere alla fecondazione assistita. Dopo un anno e mezzo di ricerca naturale, io e mio marito approdiamo in ospedale per la PMA. Un percorso molto duro, più psicologicamente che fisicamente. La prima stimolazione dà vita a tre embrioncini, ma tutti e tre i trasferimenti in utero non portano al risultato sperato. Non riesco a rimanere incinta in nessun modo, nonostante sia ancora giovane. Cado nella disperazione, inizio ad avere forti attacchi di panico e stati d'ansia che mi provocano forti giramenti di testa, instabilità e agorafobia. Mi prescrivono ansiolitici e un blando antidepressivo. Trascorro quasi due anni difficili, in cui l'ansia controlla la mia vita. Nel frattempo, decidiamo di sposarci, sia perché era un desiderio forte, sia per riportare un po' di spensieratezza nella nostra vita. A novembre 2018 decido di sospendere con le medicine e due mesi dopo riproviamo con una nuova stimolazione. Stavolta con grande sorpresa (anche della ginecologa), rimango incinta. Che gioia, dopo anni di ricerca! Dopo un periodo buio ho rivisto la luce. Finalmente! I miei attacchi di panico spariscono. Dopo questa notizia, io rinasco.

La prima eco rivela che sono due gemelli, ma che uno di sicuro si riassorbirà perché bradicardico. A 8 settimane, infatti, perdo un bimbo. "Pensiamo al fratellone" dice il ginecologo, lui sì che è forte.

Passano 9 mesi stupendi, tra ansie (trasmesse leggendo sul web, maledetto internet) per infezioni che fortunatamente non ho mai avuto, paura matta per la toxo (mi lavavo le mani trenta volte al giorno visto che ho un gatto). Temevo di potergli trasmettere qualche infezione e non me lo sarei mai perdonata, quindi facevo visite su visite. Prelievi per rilevare la toxo anche due volte al mese, ovviamente vista la paura mangiavo tutto cotto. non si sa mai. Ero super attenta in tutto.

Lui sta bene, ad ogni ecografia esco dallo studio del ginecologo con il sorriso e un bacio per mio marito, che mi accompagna sempre ad ogni visita. Siamo felici come mai prima d'ora. Dopo undici anni di amore finalmente il nostro sogno più grande si sta realizzando.

Ho passato più di nove mesi, esattamente 41 settimane di gioia pura. Mi vedevo con il mio pancione e mi sentivo bella e forte. Arriva il giorno dello scollamento delle membrane (martedì): perdo un po' di sangue per tutto il giorno, quindi vado in PS per farmi controllare: "Tutto a posto" mi rassicurano. Il giorno dopo tutto ok, lui ha il singhiozzo quindi sta bene. Non si decide a nascere. La notte ho un po' di mal di pancia da ciclo e lui si muove molto. Forse il travaglio stava finalmente partendo. Forse quei dolori preannunciavamo la sua nascita.

Ma non erano forti, non mi tenevano neanche sveglia, ero in dormiveglia e poi mi sono addormentata. Al mattino (giovedì) il panico: lui non si muove, gli muovo il piedino, niente. Mi sdraio sul fianco, mangio qualcosa di dolce. Niente da fare. Vado in PS e lì sento la frase che mai avrei voluto sentire: "Non c'è battito". Ma come non c'è battito? dovevano indurre il parto due giorni dopo. Mi giro verso mio marito e urlo il suo nome. Non mi sono sentita di provare l'induzione dopo tutto quello che avevo passato in questi anni, tutta la fatica, le lotte fatte per riuscire ad avere questo bambino. Avevo paura di non riuscire psicologicamente a sopportare un parto così intenso, temevo di diventare matta e di non riprendermi più. Oltretutto, in quel momento di shock avevo il rifiuto, non volevo vedere il mio bimbo, avrei fatto finta che non fosse mai successo, che lui non fosse mai esistito. Pregavo per il cesareo.

Da quel momento io e Leonardo diventiamo cavie da laboratorio: ci fanno una serie di esami dai più invasivi (amniocentesi) ai tamponi e ai semplici prelievi, poi ci lasciano in una stanza da soli finché non arrivano con la barella e il catetere per prepararmi all'intervento. Leo nasce alle 16.17 del 10.10.19. In sala operatoria il clima era sereno, c'era anche la musica accesa. L'anestesista cercava di fare la simpatica (cos'aveva da ridere poi), io ero come in uno tanto di trance. Sento il momento in cui lo tolgono da me, per sempre. Quando rientro nella sala dove abbiamo aspettato il cesareo trovo la primaria che insiste perché io lo veda. "È bellissimo", mi dice. Era davvero il più bel bimbo del mondo. L'ho tenuto in braccio per un momento e poi l'ho lasciato andare via per sempre. Non so spiegare il motivo, ma quel bambino non lo sentivo mio, lo sentivo come un estraneo. Forse il mio cervello stava usando un meccanismo di difesa per proteggermi ancora di più dal dolore. L'autopsia ha rivelato che è morto per asfissia, ma avendo fatto denuncia stiamo ancora indagando. Il ritorno a casa è stato devastante, mio padre aveva portato via tutte cose di Leo. La casa era vuota, come mai prima. Faceva un silenzio assordante.

Mi trascinavo in giro ciondolando, cercando di dormire il più possibile per non dover pensare. Il 19 ottobre Il suono degli avvitatori (che ho ancora nelle orecchie) sigillavano il mio cuore insieme alla piccola bara bianca. Poi il corteo verso il cimitero e da lì Il buio nei giorni seguenti. Lui si chiamava Leonardo Maria (come mia nonna), pesava 3.800gr e aveva le guance paffute, gli occhioni e le ciglia lunghe.

È passato un anno. Per il giorno del suo compleanno ho deciso di fare qualcosa di speciale per lui: insieme alle nostre famiglie, abbiamo portato dei palloncini al cimitero

e li abbiamo lasciati andare in cielo, ho anche fatto una torta con una frase per me significativa: "Ohana significa famiglia, famiglia significa che nessuno viene abbandonato o dimenticato". Leo non verrà mai dimenticato. Mai. Tornassi indietro lo stringerei forte a me e gli bacerei tutte quelle guanciotte. Come dice una canzone di Arisa: "La vita può allontanarci, l'amore poi continuerà", e io lo amerò per sempre. Ho da subito cercato l'aiuto dell'associazione CiaoLapo, ne sentivo un bisogno viscerale. Grazie a loro oggi riesco ad amarmi un po' di più e a non colpevolizzarmi troppo. Ho conosciuto dei genitori con una forza incredibile che hanno trasmesso anche a me un po' di quella forza e di quel coraggio, necessario quando affronti una tragedia simile. Quando perdi tutti e devi ricominciare a vivere, ma non sai come. Loro mi stanno dando gli strumenti per poterlo fare e io li ringrazierò per sempre. Ad ogni incontro il dolore che provo si trasforma sempre più in amore, amore per il mio bimbo e per i bimbi che hanno avuto lo stesso triste destino. Il sostegno che ci scambiamo è un tesoro dal valore inestimabile. Senza loro ci siamo sentiti molto soli, persone che credevamo amici non riescono a supportarci, non sono in grado di sostenerci, non trovano le parole, hanno paura perché sostengono che sia una cosa troppo grande per loro da affrontare e quindi ci lasciano soli. Hanno paura di dire o fare qualcosa che potrebbe ferirci. Alcuni invece non si fanno problemi e dicono cose che feriscono. Frasi del tipo" Non era destino", "Dio ha voluto così", "Ci riproverete?"
Anche il personale ospedaliero non era molto preparato ad affrontare quella situazione. Quando ero ricoverata mi sono sentita dire da un ginecologo: "Stai tranquilla, ne farai altri".
Ma l'ha detto sul serio, mi chiedevo? Io volevo Leonardo. Non è una torta che devo rifare perché bruciata o venuta male. Non un oggetto rotto da sostituire. Era mio figlio! In carne ed ossa! Non lo sostituirà mai nessuno! Ma poi

l'ha letta la mia cartella clinica? Ci ho messo anni per poterlo avere. Era il mio piccolo miracolo.
È giusto sensibilizzare le persone sul tema del lutto perinatale affinché i genitori non siano lasciati soli ad affrontare tutto quel dolore.
Non è giusto celebrare le nascite e invece quando capita un lutto perinatale far finta che non sia accaduto niente.

F. e G.

SESSANTADUESIMA LETTERA

LA COMBO PERFETTA: LUTTO PERITALE NELLA PANDEMIA GLOBALE

Io e Gianluca nel 2019 decidiamo di allargare la nostra famiglia, la prima volta rimango incinta a luglio, ma ho un aborto dopo il primo mese e mezzo.
Ti dicono che può succedere, capita più spesso di quanto si pensi, ma sì, riprovaci, in realtà, dentro di te, ti sembra ci sia qualche emozione più profonda, senti tristezza, qualche perché... ma speri che la prossima volta possa andare meglio, con un po' di leggerezza volti pagina, in fondo come ti dicono in molti: "Meglio prima che dopo". Sarà realmente così? Non è forse già una vita?
Piccoli interrogativi che abitano nella mia testa, ma riesco a gestire e così io e mio marito ci riproviamo.
Ad ottobre 2019 rimango nuovamente incinta, le cose questa volta vanno meglio, nessun problema, una gravidanza fisiologica, nessuna nausea, nessun valore fuori posto, e tutti che ti dicono "È tutto perfetto, state tranquilli, pensate solo al nome".
Il nome che decidiamo quando scopriamo che è un maschio è Alessandro. Iniziamo a fantasticare sul come sarà, a sentirlo, a parlagli, a pensare alla cameretta e ad andare nei negozi per bambini per i futuri acquisti. Ci sentiamo una famiglia, siamo felici,
Questo fino a quando improvvisamente il sogno si interrompe, si infrange, si distrugge.
Era il 6 marzo, non mi sento bene, un po' di mal di schiena dal giorno prima, un po' di stanchezza, ma vado in ufficio per fare due cose e poi mio marito mi viene a prendere per tornare a casa per pranzo, ritiro gli ultimi esami, ovviamente perfetti.
A casa cerco di riposarmi, ma sto sempre peggio, ambulanza, ospedale. Stavo male e iniziavo a chiedermi cosa stesse succedendo. Finché dopo una breve visita mi

catapultano in sala parto e da lì a poco nasce Alessandro vivo, ma è presto, forse troppo, tra un giorno sarà il sesto mese.
Alessandro va in terapia intensiva neonatale, io rimango in sala parto, ma a breve tutti si dileguano, nessuno che mi spiega cos'è successo, solo sterili frasi come "collabori", "faccia questo faccia quello". In pochi mi guardano in faccia, nessuno mi chiede come mi chiamo, sono solo "la signora", una come tante.
Chiedo di mio figlio, nessuno sa. Chiedo di mio marito e mi dicono che è fuori, in un'interminabile attesa di due ore senza sapere nulla.
Io rimango da sola, gli infermieri, ostetriche hanno altro da fare, li sento chiacchierare del più e del meno nella stanza a fianco, io rimango da sola sulla barella con la flebo, non so che emozione provare, perché? cosa sta succedendo? perché a me? ma andava tutto bene, perché tutto questo? Sembra un brutto sogno, un incubo, ma è la realtà.
Passano gli infermieri per pulire, parlano tra di loro mi ignorano, forse sono trasparente. Ad un certo punto arriva l'ostetrica che ha fatto nascere mio figlio, mi fa domande su di me, dati anagrafici e mi dice: "mi dica il nome del bambino" io rispondo "posso parlare con mio marito? era una scelta di fare insieme..." risposta: "Ma sì mi dica un nome, se non le piace poi lo cambia".
Già, che vuoi che sia il nome di tuo figlio? Lo cambi come una maglietta che non ti piace. Questa è una di quelle frasi che rimangono fisse nella tua testa.
Il senso di abbandono si interrompe quando il primario della TIN si avvicina a me, si presenta e mi racconta di Alessandro, cosa è stato fatto, come sta e cosa succederà. La frase più bella che mi ha detto è stata: "E' un bambino pieno di vita, si è mosso subito".
Finalmente gli operatori della ginecologia si ricordano di me, è ora di portarmi in reparto e finalmente vedo mio marito.

Vediamo Alessandro, è bellissimo anche se intubato. Quante emozioni, confusione, incredulità e la domanda: ce la farà? Cosa succederà? In ginecologia sono sempre "la signora", nel reparto TIN sono Daniela, la mamma di Alessandro. Sono mamma? Che approccio diverso tra un reparto e l'altro penso.
I medici della terapia intensiva neonatale fin dalle prime ore ci stanno molto vicini, ci dicono i passi e le criticità, ci preparano anche al peggio.
Il giorno dopo, il 7 marzo 2020, Alessandro non ce l'ha fatta.
In quel momento ti senti cadere un profondo pozzo, manca l'aria, ti senti fragile come in una zattera in mezzo al mare, ovattata piangi, senti una tristezza profonda, un forte senso di colpa (potevo fare qualcosa? cosa ho sbagliato?), rabbia, disperazione. Tuo figlio è morto. Perché?
In quel momento iniziano anche le misure Covid, mio marito può venire solo un'ora alla sera e io rimango sola con le mie lacrime e un forte senso di impotenza.
"La vita è tutto ciò che accade mentre sei intento a fare altri programmi" diceva qualcuno, per noi è stato così.
Per fortuna amici, partenti, colleghi ci stanno vicini, una valanga di messaggi e poi arriva il primo angelo, Valeria, un'amica, una "mamma speciale", che qualche anno fa ha perso la sua bimba all'ottavo mese. Mi dice la frase più importante e più utile: "Daniela io sono qua, se vuoi piangiamo insieme". Mi dà tanti consigli, suggerimenti, quelli importanti, che nessuno ti dà, in ospedale o non si è preparati a gestire queste situazioni o si preferisce evitarle. E le donne, mamme, rimangono sole con tutte le difficili emozioni, il dolore, le domande il non saper cosa fare.
Valeria mi dice di vistare il sito di CiaoLapo per sentirmi meno sola, è proprio così, subito scopri quante altre mamme hanno vissuto il tuo incubo.
In ospedale il tempo è sospeso, gli operatori della ginecologia passano per le medicine, febbre, pressione,

nulla di più. Ma altri angeli arrivano in mio aiuto, i dottori della terapia intensiva neonatale, non mi lasciano da sola, vengono a chiedermi come sto e mi accompagnano a prendere in braccio e salutare mio figlio per la prima e ultima volta. Gioia e disperazione insieme e un'immagine che segnerà la mia vita per sempre.
Il giorno dopo esco dall'ospedale, di fretta "causa Covid" senza sapere cosa mi è successo, non ho avuto un colloquio di dimissione e un'ostetrica in corridoio mi consegna un foglio e mi dice "puoi uscire". Quanta freddezza, quanta mancanza di informazioni, quanto essere lasciati a sé stessi e al proprio infausto destino. Per fortuna i neonatologi mi lasciano i loro riferimenti. Li sento ancora oggi. Hanno fatto il possibile e sono andati oltre, prendendosi cura di Alessandro, di me e della nostra famiglia.
Non c'è una parola che supera il grazie, ma il senso di una profonda infinita gratitudine. Se non ci fossero stati loro non avrei neanche quei pochi ricordi di mio figlio.
Torno a casa e pochi giorni dopo arriva il lockdown.
Trauma, un lutto perinatale in una pandemia globale. Penso, la combo perfetta. Se non impazzisco questa volta non succederà più.
Ci si sente come dopo un uragano, messi sotto sopra in mezzo ad una tempesta. Riesci solo a piangere e una sola domanda tempesta la tua testa "perché? Andava tutto bene, perché?".
Da dove partire per risalire dal pozzo? In fondo sono una psicologa, qualche idea dovrei averla e così inizio a scrivere. Oggi sono a pagina 160 del mio diario e leggo, leggo tanto. Venti libri in sei mesi, all'inizio quelli di CiaoLapo, avevo bisogno di capire, e poi tanti altri, tutti mi hanno dato qualcosa di importante.
E poi inizia il percorso psicologico, con mio marito abbiamo iniziato subito e qui altri due angeli: la psicologa referente del Piemonte di CiaoLapo e lo psicologo della TIN.

Un percorso intenso, a distanza via skype e poi in presenza, che ci ha permesso di elaborare, sfogare, vedere punti di vista diversi, scoprire parti di noi che non conoscevamo, vedere possibilità e iniziare il duro percorso nel ponte del dolore che parte da te e arriva a un te, profondamente trasformato.

Con il passare dei mesi, con una discreta fatica abbiamo iniziato a costruire il puzzle delle cause di quanto è successo, con un'unica certezza, che non ci sarà mai una certezza su quello che è accaduto, solo qualche ipotesi più plausibile di altre.

<u>In fondo forse la vita è anche sostare nell'incertezza, anche se la nostra mente non ama tutto ciò che non è chiaro, ci porta smarrimento, paura e quella apatia che non ti fa programmare nulla, neanche una cena, tanto poi andrà a finire male.</u>

I mesi passano e un po' le emozioni forti di rabbia che non sai veicolare, iniziano poco a poco a trasformarsi, l'apatia lascia spazio al vivere momento per momento, giorno per giorno e la tristezza profonda che sembra un elefante sullo stomaco poco alla volta, con molta pazienza e tanta forza, si sposta e ti permette di respirare.

Tutto attorno il mondo va avanti, amiche che partoriscono e un'attenzione selettiva che ti fa vedere solo neonati e donne incinte, e mentre le vedi ti viene solo da piangere e ti chiedi perché è successo a me? Potevo evitarlo? Cos'ho fatto di male?

A poco a poco si riprende a vivere, a tornare alle abitudini di prima, ma consapevole di essere profondamente diversi, vedere tuo figlio in vita, senza vita e la bara bianca del funerale credo siano immagini, emozioni che hanno trafitto mente e cuore e che ci hanno cambiato per sempre.

Il rapporto con mio marito è cresciuto molto, un amore diverso, di una coppia che ha concepito e ha visto morire proprio figlio. Anche la vita, il mondo, le relazioni cambiano, le vedi in modo diverso, i valori, le priorità, le conversazioni, tutto prende una dimensione diversa.

Apprezzi la cura, la sensibilità, la gentilezza e chi ti chiede "come va?" con la volontà di ascoltare. La soglia di sopportazione si abbassa e alcune cose anche solo sentirle ti mandano su tutte le furie.
Accanto è un posto per pochi, pochi sanno stare accanto al dolore, forse per paura di essere fagocitati.
E poi ci sono persone che elimineresti all'istante, quelli che continuano a lamentarsi per cose insignificanti, chi dice la frase sbagliata nel momento sbagliato. Potrei citarne qualcuna: "Ma sì, ne farete un altro", "Poteva andare peggio" "È stato meglio così", "Pensa se succedeva dopo", "L'importante è che tu stia bene". Tutte frasi non empatiche, che non stanno sul presente fatto di tristezza e dolore, ma che cercano di sminuire o di far voltare pagina. La frase più insopportabile: "Riprovateci, ne farete un altro", ma come fai a essere così convinti? Non sai neanche il motivo di quanto è successo, non sai come reagiremo. Perché questa frase? Se una persona perde il proprio compagno/marito, non credo che appena viene comunicata la morte venga detto: "Ma sì, non ti preoccupare, ne troverai un altro".
Ogni figlio è unico e ogni situazione va vissuta, elaborata, cercando di dare un senso nella propria vita. Forse dopo si potrà pensare ad un secondo figlio, quando il dolore si trasformerà. Questa esperienza mi ha trasformata, mi ha reso capace di fare cose che prima non avrei fatto, ad esempio dire grazie a chi mi ha aiutato, ai miei angeli che mi hanno aiutato ad elaborare, a chi come Claudia Ravaldi non mi conosce, ma che con il suo lavoro mi ha accompagnata e mi ha aiutata ad avere più consapevolezza.
Ho imparato anche a dare feedback a condividere il mio punto di vista, credo infatti che nella mia esperienza si potesse dare un supporto maggiore in ospedale e comunicare meglio nel reparto di ginecologia, è possibile comunicare e dare dei link utili per farsi supportare, creare ricordi con proprio figlio in quei pochi momenti dove al

contrario nessuno ti dice nulla, ma sono importantissimi per elaborare il lutto. Spero un giorno che in quell'ospedale le mamme che vivono la mia stessa esperienza possano avere una memory box, a me è mancata ed è il mio più grande rammarico. Sono arrivata qua, non so cosa succederà in futuro, se potrò avere un secondo figlio. Il primo è stato sconvolgente, ma mi ha reso una persona migliore, trasformata e grata di quello che ha.
Grazie Alessandro, mio angelo per sempre.
La tua culla è e sarà sempre il mio cuore.
Daniela
Quando ci si sposa, o si vuol creare una famiglia, nessuno mai, credo, si pone il pensiero che sarà difficile o ancor peggio che non potrebbe succedere mai.
La mia ricerca è durata cinque anni, inizialmente: anni in cui qualsiasi dottore mi diceva di non pensarci, che eravamo giovani, che era un blocco psicologico. Senza prendermi sul serio e/o farmi fare qualche accertamento.
Quando finalmente ho trovato una dottoressa che solo guardandomi in faccia (per delle macchie) ha sentenziato che potessi avere problemi tiroidei.
E giù di analisi e la peggiore scoperta: un carcinoma.
Il mio lutto personale, che fino a quel momento era per il non sentirmi buona e giusta a procreare, stava diventando ancora più serio.
Sentirsi dire di avere un tumore e di rimuoverlo subito, a 35 anni, mi ha fatto cambiare idea sulla vita e sul tempo.
Ma subito dopo ho scoperto una forza e determinazione, ho fatto mia la resilienza perché sapevo che per il progetto "cicogna" dovevo essere positiva e piena di energie.
Così ho cominciato la pma.
Il primo negativo non mi ha scombussolata più di tanto, perché preso come una prova.
Al secondo tentativo, sin dall'inizio non ero in splendida forma, ma davo colpa al Tsh.
Stavo così male al tal punto d' andare al PS giorni prima delle beta: positive.

Incredulità, gioia, lacrime sono state lo sfondo del ricovero per culdocentesi ed iperatimolazione.
Il mio unico pensiero era per quel piccolo miracolo che mi aveva scelta.
Le settimane passavano liete e gioiose, fino ad una domenica, la 16a.
Ho improvvisamente rotto le acque.
Arrivata in PS la bimba era già bradicardica, podalica e pronta a nascere.
Il vuoto.
Sentivo i medici dire "parto abortivo", ma io ero solo fisicamente lì. La testa pensava che non poteva succedere a noi, non così, non dopo tutti i sacrifici.
In quelle ore ho odiato me stessa, ed anche lei, che improvvisamente aveva deciso di lasciarmi.
La sensazione di distacco dalla realtà e lucidità l'ho avuto, per fortuna, quando ho deciso di vederla. Era così bella e perfetta che non ho voluto toccarla.
Nell'ospedale era presente un'associazione cattolica che si è presa cura del da farsi. Non accettavo e non potevo assolutamente farla finire come "rifiuto speciale". Meglio loro che niente.
Dopo di lei l'abisso: la negazione dell'accaduto, la rabbia su me stessa incapace di dar vita, ma solo morte. La solitudine, le litigate col marito, l'invidia per tutte quelle che erano incinte e non sapevano neanche come.
Finché ho deciso di attraversare tutte le sensazioni, finché ho trovato CiaoLapo ed il loro spazio web di condivisione.
Finché ho cercato di analizzare il tutto, per quel che mi era possibile, anche con la fotografia.
Ad oggi, che sono passati quattro anni da Angelica e sono ancora per i corridoi della pma, credo che il modo per accogliere questi eventi ed il ricordo di questi bambini è parlarne.
Fa bene ai genitori, che rimangono tali, anche se la società non ci contempla e banalizza.

Fa bene alla società stessa, perché non si può arrivare ad un evento del genere non sapendo nulla. È un tabù.
Credo che se ci fossero campagne di sensibilizzazione, come per qualsiasi altra malattia, con una preparazione migliore degli stessi operatori, farebbe la differenza.
Come sarebbe bello, poter usufruire di foto e presa delle impronte, per fermare e far vero quel passaggio, seppur struggente, di un figlio.
Col giusto tempo, quel che rimane, è un filo indissolubile di amore puro e smisurato.

F.

SESSANTATREESIMA LETTERA

CIAO EROS

Scoprii di essere incinta definitivamente il 25 marzo 2018. Facemmo due giorni prima il test di gravidanza ed evidenziò due linee, una di queste molto leggera. Ma tempo 48 ore, diventò grassottella e sicura di sé.
Rimasi incinta l'11 marzo. Sono certa che fu durante quel pomeriggio. Nella mia città (Cologno Monzese Mi) e precisamente nella via di casa mia, quel giorno ci fu un blackout che durò più di quattro ore. E si sa, quando non si ha nulla da fare, ci si può solo amare.
Io e mio marito stavamo insieme da otto anni e convivevamo da un anno e qualche mese, ma allora, non eravamo ancora marito e moglie.
Io mi chiamo Elisa e quando rimasi incinta di te, avevo appena 23 anni. E mio marito si chiama Andrea, lui 25.
Il mio lavoro del cuore è sempre stato in ambito educativo, già quando ero piccina sognavo un giorno di diventare una maestra e così fu. Lavoravo in un asilo nido privato nella mia zona; papà Andrea invece lavorava in un minimarket a Milano.
Due genitori giovani, che però ti desideravano immensamente e con tutto il cuore. E soprattutto pronti, a diventarlo.
La gravidanza proseguii nel migliore dei modi, controlli mensili decisamente positivi.
Soffrii tantissimo di nausee, tanto da perdere 4 kg durante il primo trimestre.
Eravamo così felici del pensiero di diventare presto genitori che non resistevamo a fare acquisti, tutti preparativi per te.
Il 3 luglio scoprimmo con nostra gioia che tu, mio piccolo amore, eri un meraviglioso maschietto. Eros, il nome del Dio greco dell'amore. Un nome che per noi era meravigliosamente perfetto. Ciò che io e papà avevamo

sempre desiderato. Avere il nostro primo figlio, un bel pisellino.
Lo stesso week end, papà imbiancò la tua cameretta tutta di azzurro, un lavoro impeccabile e realizzato con cura dei dettagli.
Prima di partire per andare al mare, facemmo la tanto attesa ecografia morfologica, colei che doveva evidenziare tutto al millimetro.
E così fu.
Andò bene.
Quell'anno andammo in vacanza a Caorle (Ve). Prendemmo una casa insieme ai miei genitori e alla nostra piccola Belle, un cocker fulvo, dolce e giocherellona. Siamo Stati al mare per quattordici giorni. Tu adoravi fare il bagno in mare, avvertivi il mio rilassarmi e di conseguenza, piaceva anche a te.
Una sera, mentre passeggiavamo per il centro di Caorle ci fermammo davanti a una di quelle macchinette in cui si pescano i peluche. Ne vincemmo uno per te, lo chiamammo Mike. Avete presente l'asinello di Winnie the Pooh? Lui!
Ero intenzionata a metterlo ai piedi della tua culla, in modo tale che non ti saresti mai sentito solo.
Il 30 agosto feci il controllo mensile durante il quale tutto andò benissimo.
La dottoressa che mi aveva in cura fece un'ecografia pazzesca, ti vedemmo per la prima volta in 3D, sì amore. Ricordo ancora le tue manine che si sfioravano il viso. Le tue guance piene e le tue lunghe gambine.
E poi via sulla bilancia, controllo del peso, la mamma aveva messo solo 6 kg. E per la fine del sesto mese era perfetto.
Tu crescevi a meraviglia. 1 kilo di amore.
Il mese di settembre passò velocemente.
Tutto secondo i piani.
Le continue spese per te.
La prenotazione del corso preparato.

Il termine della gravidanza era il 4 dicembre, quindi in ospedale mi avrebbero fatto iniziare il corso il 4 ottobre.
Non l'ho mai iniziato.
Vestiti.
Calzini.
Lullago.
A 28 settimane, la valigia per il parto era praticamente pronta. Mancavano giusto le ultime cose. L'occorrente per il bagno.
Dio quanto eravamo emozionati, Eros.
Poi, il buio.
Il 22 settembre, era un sabato, è stato l'ultimo giorno in cui ho sentito i tuoi piedini calciare nel mio ventre.
Il 23 settembre, presa dall' ansia mi feci mille domande. Sarà stanco? Si dai, starà facendo la nanna. Magari non ti ho sentito muovere perché ero talmente presa a sistemare le cose che avevo la testa altrove. Inoltre, ero convinta che tu stavi crescendo e che, quindi, lo spazio in cui stavi si stava rimpicciolendo. Motivo per cui pensavo che tutto stesse procedendo normalmente e secondo i piani.
Il 24 però, in prenda al panico, io e tuo padre, con paura, decidiamo di andare in ospedale al pronto soccorso, convinti di tornare a casa e stare più sereni di prima. Ci dicemmo l'un l'altro, ma sì è un altro modo per vederlo prima della prossima visita. Mentre scrivo queste parole, il mio cuore batte forte, come quel preciso istante.
Spiegai al PS cosa stava accadendo e due operatori sanitari molto sgarbatamente ci portarono su in reparto dando per certa la nostra triste sorte. Fu così.
Ecco, vieni pure.
Mi siedo sul letto.
Andre, accanto a me mi tiene la mano. Silenzio.
L'istante in cui passarono la sonda dell'ecografia sulla mia pancia e il silenzio ancora una volta prese il sopravvento.
I volti seri delle dottoresse fecero adagiare mio marito accanto a me, con la paura che usciva dal suo corpo.

E poi, le incancellabili parole, vennero pronunciate dalle loro bocche: "Purtroppo non c'è più battito".
Buio.
Silenzio.
Rumore.
Ma com'è possibile perdere un figlio a 30 settimane di gestazione?
Ma stava andando tutto bene. Cos'era successo?
E se fossimo venuti prima in ospedale, cosa sarebbe accaduto?
Il vuoto. Il tremore. Il mancare.
Fummo ricoverati per induzione immediata del parto. Mi misero davanti alla scelta, di un parto naturale oppure un cesareo.
Decidemmo per il parto naturale. Volevo essere cosciente, volevo sentirti ancora.
Volevo capire cosa significasse partorire. E poi volevo stare il più tempo possibile ancora con te. Sapevo che erano gli ultimi istanti. E l'idea di dovermi allontanare da te mi faceva morire dentro.
Ci vollero ben quattro ovuli per stimolare le contrazioni. Due flebo di stordimento totale per impedirmi di soffrire anche fisicamente. E poi la notte tra martedì e mercoledì ruppi le acque tornando dalla sala parto per un controllo.
Mi portarono subito di nuovo in sala parto per farmi l'epidurale. E due ore dopo, senti le spinte. Era il momento. Stava per accadere. Tornammo in sala parto con la paura, l'ansia.
Non ci volle molto per farti nascere. Le ostetriche mi spiegarono che del resto era normale, dopo tutto eri un bimbo pre-termine, e quindi la dilatazione non doveva arrivare a 10 cm. Erano le 4.55 di mattina quando feci le ultime due spinte e poi tu. Una nascita maledettamente silenziosa. Senza sorrisi, senza congratulazioni. Solo tristezza nei volti. Solo pianti nel cuore, mio e di papà...
E tu eri lì, accanto a me, dentro quella culla, con le lenzuola in cui erano disegnati i cagnolini della carica dei

101. io ti guardavo e piangevo, non poteva essere successo veramente. Sembrava un incubo. Ma mi resi conto che così non era mentre mi pulivano dalla brutta emorragia che ebbi.
Continuavo a guardarti.
I tuoi capelli neri, le tue manine perfette. Le labbra, labbra da baciare. Il tuo nasino, ma quanto eri perfetto amore mio?
Quanto ti abbiamo desiderato. Non doveva andare così.
Quando finirono di cucirmi, il tuo corpicino ancora caldo, fu adagiato su di me, sento ancora il tuo peso tra le mie braccia, 1.550 KG.
Avvicinai il tuo viso al mio, per poter sentire il tuo calore, per poter avvertire il tuo respiro, ma tutto tacque.
Tu non c'eri.
Il mio cuore urlava di dolore.
Tu piccolo Eros, sei, e sei stato tanto amore per me e papà. Tu ci hai reso dei genitori speciali. Tu ci hai insegnato cosa vuol dire amare incondizionatamente, oltre tutto. Perché l'amore supera anche la morte. E tu ce lo hai insegnato.
Il giovedì pomeriggio venni dimessa dall'ospedale dopo aver fatto un'altra visita di controllo per valutare se l'utero fosse tornato in formato normale. Prima di lasciarci andare la ginecologa mi spiegò dell'esistenza di un'associazione, conosciuto sui social che si occupava di perdita perinatale, CiaoLapo.
Non volli ascoltare, non volevo condividere con nessuno quello che era successo a noi due. Mi sembrava tutto così intimo, doveva rimanere solo per noi. Dopo tutto lui era il nostro bambino e non volevo diventasse oggetto di discussione anche per altre persone. Non capivo.
Il rientro a casa fu brutto. Non come lo avevamo immaginato io e papà.
Tornare a casa senza di te. Nonostante ciò io mi sentivo mamma, ma tu figlio mio, dov'eri?

Perché quando muore un figlio prima o subito dopo il parto una mamma, dalla società, non è considerata mamma? Tutti si sentono in dovere di dire la loro, senza che tu ovviamente gli e lo abbia chiesto.
Il 29 settembre tornammo in ospedale, con le pompe funebri per portarti via da lì. Volevamo averti a casa con noi. Almeno so che tu sei in camera tua.
La vicinanza del nostro cane in un momento così traumatico è stata fondamentale. Lei, Belle, non ci ha abbandonato un momento.
Eri lì a guardarci e a sostenerci in ogni azione che facevamo durante il giorno. In ogni pianto lei era lì, con il suo muso accanto al nostro viso per distogliere i pensieri.
Iniziai subito un percorso dalla psicologa; sono sicura di quanto io sia stata forte in quel periodo, ma decisi comunque di farlo.
Fu un percorso che durò 5 mesi. È servito.
Parlavo di te. Di noi. Di ciò che saremmo dovuti diventare. Prima non comprendevo, ero solo incazzata con il mondo. Oggi però, ho capito l'importanza di averti avuto con me per otto mesi. È stato bellissimo cucciolo mio. Io sono mamma, e Andre è papà. Tu sei il nostro primo figlio piccolo amore nostro.
Le dottoresse dell'ospedale mi consigliarono di usufruire della possibilità della maternità obbligatoria, per metabolizzare il lutto.
Lo feci. Furono giornate, mesi lunghissimi.
Quando ripenso a quei momenti identifico me e mio marito come due anime vuote che vagavano nel mondo, senza un senso.
Il desiderio mio e di Andre è sempre stato quello di sposarci in Chiesa, in quanto siamo due persone credenti, e riponiamo il nostro credo in Gesù. Abbiamo sempre immaginato che tu Eros, all'età di 2 o 3 anni ci avresti portato le fedi all'altare.
Ma così non è stato.

Decidiamo di dare un senso bello e pieno di amore al 4 dicembre, la data del presunto parto, ci sposiamo. Ma non in Chiesa, in comune con rito civile. Sulle nostre fedi, appare il tuo nome. Eros, 4 dicembre 2018.
Il mio rientro al lavoro non c'è più stato; quando ero pronta a tornare, allo scadere della maternità obbligatoria il 4 marzo 2019, venni licenziata senza preavviso. Non parliamone.
Niente succede a caso nella vita, il 17 marzo dello stesso anno scoprii di essere nuovamente incinta. Una gravidanza arcobaleno fece leva nella nostra vita.
Arrivò Noemi Perla a stravolgere il nostro cuore.
Fu un percorso molto seguito da parte dell'ospedale visto quanto accaduto con la gravidanza precedente, avevo due controlli mensili. Devo dire, una gravidanza tosta, ma piena di amore, di speranza, di credere nuovamente che tutto andrà bene. Ed è stato così care mamme ovviamente grazie anche all'aiuto di farmaci assunti durante tutto il percorso (ho scoperto dall'esame istologico della placenta, che ciò che ha causato la morte di Eros è stata una trombosi, e quindi fui trovata positiva ad una mutazione genetica, chiamata MTHFR in eterozigosi. L'iter per una gravidanza successiva preveda l'utilizzo di anticoagulanti tra cui aspirinetta e Seleparina).
Il 15 novembre ho partorito questa splendida bambina, della quale io e Andre siamo persi. Ci ha regalato emozioni nuove, sorrisi, vita. Inspiegabile a parole.
Credeteci mamme, e credeteci papà.
Non datevi per sconfitti.
Dove c'è l'amore, ogni giorno arriverà qualcosa di meraviglioso da coltivare.

E.

SESSANTAQUATTRESIMA LETTERA

CIAO ENEA

Non era molto che provavamo ad avere un figlio, ma anche quel mese ero abbastanza convinta che quel ritardo fosse solo un ritardo. Era fine agosto 2019 e, nonostante il mio scetticismo, su insistenza di mio marito, decido di fare il test di gravidanza. Non aspetto neanche di vedere l'esito, convinta che fosse negativo e invece…incinta!
Mi fermo un attimo e realizzo che una vita aveva iniziato a crescere dentro di me ed in quel momento un'ondata di agitazione e felicità mista a paura mi travolgono. Era il nostro primo figlio.
Trascorrono le prime settimane e man mano che il tempo passava fotografavo la mia pancia che cambiava, si arrotondava. Ero felice, tanto, e provavo una serenità mai provata prima. Sentivo il cuore colmo d'amore, ma avevo anche la sensazione che qualcosa non andasse.
La mia pancia mi sembrava piccolina, ma la ginecologa non rileva particolari anomalie. Io non avevo termini di paragone e vista anche la mia conformazione fisica minuta, mi convinco che quella sensazione era solo frutto dei miei timori e del mio pessimismo cronico. Facciamo il test genetico prenatale, nessuna anomalia evidente viene riscontrata e scopriamo che il fagiolino era un maschietto. Nel giro di qualche giorno decidiamo il nome, Enea, il nome di un valoroso guerriero. Senza saperlo non potevamo scegliere un nome più adeguato per lui.
Ventesima settimana e arriva il momento dell'ecografia morfologica; sapevo che era un esame importante quindi mi sale un po' d'ansia. Inizia l'esame e tutto sembra a posto, fino a quando, in alcune misurazioni, Enea risulta più piccolo, indietro di circa dieci giorni rispetto alle tabelle. Mi crolla il mondo addosso, la mente va a quella sensazione che avevo avuto fin dall'inizio, che a quel punto era diventata reale. Mi sento soffocare e

ho paura per il mio bambino. Ad ulteriore riscontro mi sottopongo ad altre due ecografie morfologiche, per scongiurare eventuali errori di misurazione, che in effetti non c'erano stati. In verità, io sapevo già che non c'era stato alcun errore. Eravamo in prossimità di Natale 2019 e l'ultimo medico che mi fa l'ecografia mi prescrive uno screening per la trombofilia, perché non riesce a trovare una causa evidente per quel ritardo di crescita. Inutile dire che, per me, le festività natalizie sono state solo un ostacolo per prenotare le visite e causa di inevitabile ritardo per gli esiti degli esami.

Arriva gennaio e finalmente ottengo i risultati di una serie di test, dai quali emergono delle mutazioni genetiche e la positività a un tipo di anticorpi legati al rischio trombotico. Successivamente, l'ematologo mi prescrive una cura anticoagulante, ma mi spiega che sarebbe servita più a me che al mio piccolino, perché affinché avesse avuto effetti positivi sulla sua crescita, avrei dovuto avviare la terapia fin dall'inizio della gravidanza. Ad averlo saputo! Purtroppo, lo screening trombofilico non viene prescritto normalmente, a meno che non ci siano stati ripetuti e precedenti aborti o comunque familiarità. Il mio caso purtroppo non era nelle statistiche. Mi faccio coraggio, ripetendomi che finché Enea era lì con noi non dovevo abbandonare la speranza e con questo stato d'animo andiamo avanti.

Nelle settimane seguenti le ecografie diventano più frequenti visto quanto emerso, finché durante un controllo alla settimana 25+1 decidono di ricoverarmi, perché i flussi sanguigni erano alterati, quasi al limite. Mi sento di nuovo morire. Il medico di turno mi spiega che, in base alla situazione, molto probabilmente avrebbero dovuto far nascere Enea di lì a poco. Era tanto piccolino e se l'apporto sanguigno fosse diventato insufficiente non c'era altro da fare. Mi informano anche sulle percentuali di sopravvivenza a quell'età gestazionale e per un bambino così piccolo, tenuto conto anche del suo ritardo di crescita, le previsioni erano infauste. In quel letto d'ospedale mi sentivo triste, impaurita, amareggiata, arrabbiata, ma piano piano cerco di ritrovare una sorta di equilibrio, ritenendo che le mie sensazioni negative non avrebbero fatto bene ad Enea. Passano i giorni e i vari medici che mi visitano mi dicono che, mediamente, nei casi analoghi al mio, si resiste dieci/tredici giorni prima di arrivare al punto limite. Io e il mio piccolo guerriero, invece, resistiamo ben quarantotto giorni e man mano che quei giorni passavano mi convincevo che ce la potessimo fare. Un giorno, una dottoressa, durante una visita, mi disse: "Questo bambino è un miracolo". Sì, era vero, era il nostro miracolo. Era piccolino, ma, anche se poco, continuava a crescere e soprattutto aveva un grande vitalità, nonostante le sue condizioni. Durante le ecografie si muoveva talmente tanto che a volte dovevano eseguirle a più riprese.

Dopo innumerevoli analisi, monitoraggi ed ecografie, alla settimana 31+6, però, decidono di farlo nascere. La crescita era quasi ferma e, prima di arrivare in una situazione di urgenza, i medici ritengono che il parto fosse l'opzione meno rischiosa. Il pomeriggio di quel giorno che non dimenticherò mai, con cesareo, il mio piccolino viene alla luce.

È il 3 marzo, il giorno più bello della mia vita! Ovviamente non me lo ero immaginato in quel modo, ma si sa che la realtà supera spesso la fantasia. Ho impressi negli occhi e nel cuore quegli istanti in cui, stesa sul tavolo operatorio, l'ho visto per la prima volta, in lontananza, nell'incubatrice da trasporto. Era uno scricciolo di 965 gr il mio piccolino, muoveva le sue braccine e aveva aperto gli occhi. Mi tranquillizzano dicendo che Enea respirava da solo e che aveva pianto subito. Ovviamente viene portato in TIN e ci prepariamo a combattere un'altra, la sua battaglia.

Riesco a vederlo solo dopo un giorno perché i dolori del taglio erano stati molto debilitanti per me, ma a quel punto era già senza respiratore (che gli avevano comunque messo per sicurezza). Era bellissimo, aveva le labbra uguali alle mie, il nasino della nonna paterna e delle manine stupende. Dormiva sereno, nella stessa posizione identica al papà, nella sua culletta ricavata con le lenzuola e sarei rimasta lì a guardarlo per sempre, ma per i protocolli anti Covid avevano ridotto a sole due ore al giorno gli orari di visita (un'ora la mattina e una il pomeriggio, un genitore per volta). E sempre a causa del Covid non potevo fare neanche la marsupio-terapia. Superate le prime 72 ore, le più critiche, speravo potessimo procedere per il meglio, ma, dopo una settimana, un blocco e perforazione intestinale sbriciolano questo mio auspicio. Devono operarlo. Temevo di perderlo in quel momento. Ricordo quel pomeriggio, quando tra le lacrime io e mio marito seguivamo la piccola incubatrice, gli ho accarezzato la testolina un attimo prima che entrasse in sala operatoria. L'operazione riesce senza problemi, Enea era fortissimo! Gli fanno un'ileostomia e due giorni dopo era come se non fosse successo nulla, agitava come sempre le sue manine nell'incubatrice. L'intestino comincia a funzionare e iniziano l'alimentazione col biberon. Contrariamente a tanti bambini prematuri impara in fretta la suzione. Le infermiere sono molto incoraggianti quando mi parlano di lui e dei suoi progressi, mi raccontano che è un bambino tanto tanto vivace, tuttavia non possono togliergli l'alimentazione parenterale perché cresceva poco e perché la glicemia non si stabilizzava. Passano i giorni e la glicemia continua a fare su e giù. Le crisi ipoglicemiche sono pericolosissime per il cervello nei neonati, quindi i medici provano ogni combinazione possibile per cercare di alimentarlo solo per bocca senza rischiare crisi, ma niente da fare. A quel punto devono indagare le cause dell'ipoglicemia persistente. Gli fanno un test che avrebbe rivelato se la causa fosse dovuta ad un eccesso di insulina e il risultato è positivo. Siamo al 17 aprile 2020, tiro un sospiro di sollievo perché

finalmente abbiamo trovato la causa del problema, l'unico problema che il mio piccolino apparentemente aveva e che, a parte il dover prendere peso, lo separava dalle dimissioni. La settimana successiva avrebbero iniziato la terapia specifica per il suo problema di ipoglicemia. Ero fiduciosa e sabato 18 vado a trovarlo. Lui era come sempre, stava bene nonostante tutto, anzi, mi accenna anche delle smorfiette mentre gli accarezzo il viso. Mi piace pensare fossero sorrisi.
Domenica mattina, crolla tutto. Mentre mio marito stava per arrivare in ospedale per l'ora di visita lo chiamano dalla TIN dicendogli che Enea stava male, era peggiorato all'improvviso e che non capivano cosa avesse. Quella domenica ho visto il mio bambino, pallido, intubato, con lo sguardo fisso. Era l'ombra di quel bambino vispo e anche un po' monello che mi descrivevano e che avevo imparato a conoscere quelle settimane. Anche se i monitor dicevano che era ancora vivo, il mio Enea non c'era più. Avevo una flebile speranza che accadesse un miracolo, ma in fondo al cuore avevo capito che ormai non c'era più niente da fare. Durante la notte mi chiedono se voglio prenderlo in braccio. Quella era la conferma che dovevo salutarlo. L'ho cullato, l'ho accarezzato, gli ho cantato tutte le sue canzoni, mentre se ne andava via da me per sempre. Piano piano lo sentivo sempre più freddo e rigido, finché il medico si è avvicinato dicendomi che le sue pulsazioni non si potevano più considerare vitali. Erano le 5:00 del 20 Aprile 2020. In quel momento anche la più piccola speranza, quella di una madre che non vuole perdere il suo bambino, si è definitivamente spenta. Con lui in quel momento è morta una parte di me, volata via per sempre insieme a lui. Il mio guerriero non ce l'ha fatta a superare anche quella battaglia.
La causa ufficiale della morte è stata NEC (enterocolite necrotizzante), ma dall'autopsia è emerso anche che il suo pancreas aveva più cellule che producono insulina del normale. Questa conformazione molto probabilmente è

causata da una malattia genetica rara a sé stante o comunque potrebbe essere un sintomo di una rara sindrome genetica più complessa. Abbiamo autorizzato l'approfondimento genetico, sia per provare ad avere una risposta che magari possa aiutarci ad accettare quanto è successo, sia perché magari i risultati, il suo caso, potranno servire in futuro per aiutare altri bambini che verranno e magari in questo modo, potremo dare un senso a tutto questo. Non lo so, so solo che mi manca da morire e, come ha scritto la dott.ssa Claudia Ravaldi in un post su Instagram, ora non so cosa farne di tutto l'amore che era destinato a lui. Mi sento vuota e piena allo stesso tempo. Nulla potrà restituirci il nostro bambino, ma lui continua a vivere nel nostro cuore. Certo, andare avanti non è facile, ho un vuoto nel cuore che non sarai mai colmato e sono tanto arrabbiata. Così, nel frattempo, scrivo di lui, perché ne sento il bisogno e perché magari questo racconto può aiutare altri genitori, anche se non so bene come. Questo è il mio modo per ricordarlo e magari riuscire ad alleggerire questo peso che comprime il mio cuore.

Ho deciso di raccontare la nostra storia anche perché voglio dare il mio contributo a favore di CiaoLapo, che aiuta noi, genitori di questi angeli, a non sentirci soli e abbandonati nel nostro dolore, cercando di sensibilizzare tutti gli altri genitori verso queste vicende, di cui nessuno vuole parlare o di cui spesso si parla in modo sbagliato.

E.

GLI INDIMENTICABILI

Storie di lutto perinatale

Raccolte da
Francesca Barra